AF451813

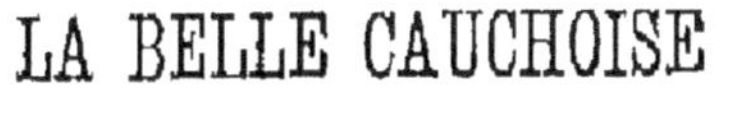

LA BELLE CAUCHOISE

LA
BELLE CAUCHOISE

OU

MÉMOIRES D'UNE JOLIE NORMANDE

DEVENUE COURTISANE CÉLÈBRE

PARIS

AU PALAIS-ROYAL.

—

1822

LA

BELLE CAUCHOISE

Tous ceux qui ne peuvent plus goûter
les plaisirs, d'ordinaire cherchent assez à
les décrier. Eh ! pourquoi déconcerter
ainsi la jeunesse ? N'est-ce pas à son tour
à s'ébattre et sentir l'amour ? N'anathé-
matisons donc pas ces plaisirs, sinon
comme on le faisait dans la Grèce, où ils
n'étaient défendus que pour en multiplier
le charme et la fécondité : alors, vieil-
lards moins déraisonnables quoique vieux
avant la vieillesse, vous serez supportables
et peut-être même aimables encore. Cette

idée de philosophie doit suffire au lecteur pour lui donner d'avance la clef de celle dont je vais lui faire part : ainsi sans autre préambule, j'entre en matière.

Tous les êtres pensants ont un penchant favori, qui les entraîne et qui semble l'emporter sur toutes leurs autres passions ; j'ai le mien comme les autres, c'est l'amour du plaisir, disons mieux, de la fouterie ; c'est là véritablement la cause de toutes mes folies et de mes dérèglements. Ces deux mots suffiront à mon lecteur, pour que je doive lui faire l'aveu de ma profession.

Je suis putain, je le déclare ingénuement ; après tout, est-ce un mal ? Car enfin, rapprochons les idées : qu'est-ce que le putanisme ? C'est un état dans lequel on suit la nature sans lui mettre de frein. Après cela, une putain est-elle un être si méprisable ? Que dis-je ? Ne pense-t-elle pas mieux que les autres femmes ? Elle connaît à fond la nature ; elle en suit les impressions, quoi de plus raisonnable ?

En voilà assez, je crois, pour prouver

l'excellence de mon état. Au reste, qu'on ne m'en demande pas davantage ; je suis incapable d'appuyer ce que je dis par de grands et solides raisonnements. J'ai toujours détesté les longues phrases ; pourvu que je me fasse entendre, cela me suffit. Ainsi donc, je le répète, j'entre en matière sans autre préambule.

Ma naissance n'a rien de fort illustre ; cet aveu naïf n'est cependant point ordinaire chez les femmes de mon état. Je connais beaucoup de mes chères et vénérables consœurs qui se donnent une belle origine, sans en être plus nobles pour cela. A les entendre, on ne saurait bien remuer le croupion, à moins d'être fille d'un prélat, nièce d'un conseiller ou d'un duc, etc.; quelle folie qu'une pareille généalogie ! Une véritable putain ne doit absolument connaître que le plaisir ; elle doit mépriser sa naissance et ses parents, n'avoir d'autre ambition que d'assouvir sa passion et de se ménager des connaissances aussi utiles qu'agréables.

Venons au fait.

Je suis née dans un village, à deux lieues du Havre; mon père était charron : je fus élevée comme on l'est toujours à la campagne, sous le rapport de l'éducation, c'est-à-dire fort mal, sans mon bon naturel; mon enfance n'a rien eu d'extraordinaire, on remarquait seulement en moi, dès l'âge le plus tendre, un air de vivacité qui annonçait de l'esprit; aussi m'en donnait-on dans le village, et la fille du maître charron y passait-elle pour une « bonne pièce »; c'était ainsi que mes dignes compatriotes me désignaient.

Je fus confondue avec le reste des paysans jusqu'à l'âge de douze ans; jusque-là mes occupations les plus sérieuses avaient été d'apprendre à lire et à écrire; je ne savais que cela, mais passablement pour le pays. Mon père et ma mère me voyant grandir à vue d'œil, formèrent la résolution de me faire travailler : ils crurent que je pourrais les soulager, mais j'étais naturellement fainéante, c'est de ce penchant inné dans toutes mes semblables pour la paresse — je le dis en passant —

que j'ai tiré tant d'amour pour ma profession; n'étant bonne à rien chez mon père, il résolut au moins de m'encourager en m'envoyant à la ville; il y avait longtemps que je désirais aller au marché. On me fit payer cette satisfaction par bien des pleurs et par bien des chagrins domestiques.

Un jour vint enfin, où mon père me chargea d'un panier de beurre et d'œufs pour aller les vendre au Havre. J'y allai avec une gaieté admirable, mais je la perdis bientôt devant tous ces beaux messieurs de la ville. Que j'étais folle dans ce temps-là! et que je suis différente aujourd'hui.

Parmi les personnes que mon père m'avait indiquées, il y avait un vieux procureur de l'amirauté, chez qui j'avais ordre de porter du beurre. Un jeune homme, c'était le fils de la maison, m'ayant vue entrer chez son père, eut la curiosité de me voir et me cajola pendant tout le temps que je fus chez eux : de toutes les belles choses qu'il me dit, je n'entendis ou

du moins, je ne compris bien qu'un compliment gracieux qu'il me fit sur ma
beauté ; la femme a toujours des oreilles
pour cela. Au reste ce jeune homme n'é-
tait rien moins que beau : des yeux bleus
enfoncés dans un front relevé en bosse, un
nez extrêmement court, un teint livide,
et par-dessus tout, force marques de la
petite vérole. Voilà celui qui, le premier,
m'a conté fleurettes. On s'imagine assez
que je ne répondis rien à ses discours ;
j'étais trop timide encore pour oser répli-
quer. J'avais laissé ma langue au village,
que je regrettais de bon cœur en ce moment-là.

Au sortir de cette maison, je vendis ce
qui me restait, et je retournai fort paisi-
blement chez mon père sans faire aucune
réflexion ; car j'étais si neuve, que je ne
pensai pas même aux choses obligeantes
qu'on m'avait dites.

De retour chez mon père, on me demanda comment je trouvais la ville.

— Bien vilaine, répondis-je à ma mère
qui m'interrogeait.

— Pourquoi donc ? dit cette bonne femme.

Oh ! repartis-je aussitôt, ces messieurs-là m'ont fait devenir toute rouge.

Qu'on juge par cet échantillon de ma simplicité. Je finis par déclarer que je n'irais plus à la ville ; mais mon père n'entendit pas cela et m'y fit retourner quelques jours après.

Mon emploi était toujours le même, l'on devinera donc aisément que j'allai chez mon vieux procureur. J'aurais fortement souhaité de n'y pas trouver son fils, mais le drôle était un rusé matois ; se doutant que je reviendrais le marché suivant, il n'avait eu garde de me manquer : mon minois l'avait attiré, et plus encore mon pucelage, contre lequel il avait pris ses mesures.

Cette fois-ci, je fus plus contente de lui que la première fois : il se contenta de me regarder fixement, ce qui me fit baisser les yeux, tant j'étais alors Agnès.

Je sortis cependant un peu plus enhardie et je repris gaiement le chemin de mon village. Mais quelle fut ma surprise ! A peine avais-je fait une demi-lieue, que j'aperçois ce jeune homme venant au-devant de moi.

— Me reconnaissez-vous ? dit-il en me serrant dans ses bras pour m'embrasser.

Ma réponse fut un cri affreux : je voulus m'esquiver, mais inutilement : il me retint, et me dit qu'il m'aimait à l'adoration, et qu'il ne demandait de ma part qu'un peu de retour.

Je n'entendais rien à tout ce beau langage, et je le laissai continuer son jargon tout à son aise. Je sentais néanmoins un certain plaisir à l'entendre. Je le priai cependant de me quitter : il ne me le promit qu'à condition que je lui laisserais prendre un baiser; il fallut en passer par là, et ce fut sur la bouche, avec un feu inexplicable; il redoubla malgré mes efforts.

Enfin, il me quitta, les larmes aux yeux.

Tout le chemin, je réfléchis sur ce qui venait de m'arriver. Les baisers que j'avais reçus m'avaient beaucoup échauffée, je ne savais comment et pourquoi je ressentais une joie secrète au fond de mon cœur.

Le seul souvenir de ces baisers pleins de feu portait dans toutes mes veines une flamme dont l'ardeur semblait se concentrer sur cette noble partie de notre individu, dont j'ignorais pour lors l'usage, les charmes et toutes les prérogatives, sur laquelle de temps à autre je portais, forcée en quelque sorte par un transport involontaire, une main égarée et tremblante. Je la pressais au travers du voile qui la couvre, comme un soulagement à la démangeaison qui me dévorait.

J'attribuai cet effet de la nature aux empressements du jeune homme, et sur le champ je conclus que les messieurs de la ville valaient beaucoup mieux que les sots villageois qui ne savent faire aucun compliment.

Je me confirmais dans cette idée à mesure que j'allais en ville. Mon amant — je crois pouvoir donner dès lors ce nom à celui dont il est question ci-dessus — mon amant, dis-je, me faisait mille propositions : il voulait me mettre chez une de ses amies, chez qui il me verrait, disait-il, à chaque instant, et où il me donnerait des marques de sa tendresse.

Peu à peu, j'avalai le poison.

Je fus cependant encore trois mois avant de me rendre. J'hésitais continuellement, mais enfin obsédée par ses importunités, qui augmentaient sans cesse, lasse d'être chez mon père, flattée par l'espoir d'être heureuse, je résolus de lui accorder pour la première fois qu'il me verrait, tout ce qu'il voudrait et me demanderait.

Je n'attendis pas longtemps.

Le premier jour de marché où j'allai à la ville, fut celui où mon amant redoubla ses instances. Je balançai pendant environ une heure, et enfin je me rendis.

Quel fut son bonheur de posséder, comme il le disait, un objet aussi aimable que moi !

Ses mesures étaient prises depuis fort longtemps : il me conduisit bien vite chez une couturière de ses amies, dans un quartier fort retiré.

Ce fut là où je quittai mes œufs, mon beurre et mon pauvre mannequin, que je n'ai jamais reporté depuis.

Jusqu'ici l'on a vu ma simplicité, je puis même, sans crainte, dire ma bêtise, mais à dater de là je vais être une tout autre femme, car désormais je n'aurai d'autre maître que la seule nature.

Quels progrès ne fait-on pas quand on suit ses maximes et des préceptes aussi indulgents que les siens !

La maison de la couturière est le premier théâtre où je vais me former au plaisir. Ce fut mon noviciat dans les mystères de l'amour.

Je l'avoue franchement, cette maison frappa d'abord mes yeux qui, il est vrai, n'étaient point accoutumés aux grands spectacles : une simple chaumière, une cabane un peu meublée, m'auraient paru jusques-là quelque chose de beau; mais quand j'en fis la comparaison avec l'appartement que mon amant me donnait, j'en sentis à l'instant le contraste, et la gaieté s'empara bientôt de mon âme.

La perspective d'un avenir flatteur me séduisit au point que je me crus heureuse pour jamais.

Temps heureux ! où le passé n'est plus pour nous qu'un vain songe, où le présent nous tient lieu de félicité, et où l'avenir nous paraît un trésor sûrement acquis, un tribut dû au charme et aux plaisirs dont nous paraissons enivrer nos amants, qui, de leur côté savent y mettre le comble par des promesses d'autant plus flatteuses, qu'elles semblent être le but et le sceau du bonheur pour eux et pour nous ; c'est ce que j'éprouvai dans cet instant.

En effet, une chambre assez propre, un petit cabinet, me paraissaient une demeure magnifique.

On me donna le temps d'admirer tout ce que je voyais, autant que je le voulus.

Le moment critique pour ma virginité vint ensuite.

Je savais bien pourquoi j'étais venue dans cette maison, et je ne fis ni la sotte,

ni la bégueule; d'ailleurs je n'avais point
assez d'expérience pour cela. Aussi mon
amant me prit-il mon bijou, le mania-t-il
à son gré, et me donna-t-il sans résistance
autant de baisers qu'il voulut, je ne fis
aucun effort pour me dérober à ses ar-
dentes caresses.

Mais s'il n'eût pas à combattre ma vo-
lonté, il eut d'autres obstacles à vaincre;
il était monté de taille à ne pouvoir si
promptement escamoter un pucelage.

Plus gros par le haut que par le bas,
son vit eût été excellent pour quelque
douairière. Il s'escrima longtemps contre
mon pauvre joujou, qui ne desserrait pas
les lèvres; mon amant avait déjà fait plusieurs libations et très copieuses sur mes
cuisses qui ne m'avaient pas causé la plus
légère émotion. Je ne savais encore point
alors, l'intérêt qu'a toute fille ou femme
de ne pas perdre une seule goutte de ce
liquide précieux.

Enfin, après une heure de combat et de
tourment, mon champion entra dans le
fort, il fut complètement vainqueur. Mais

ce fut avec tant de peine que je ne crus jamais me retirer vivante de cet assaut terrible. Je criais au meurtre, à l'assassin, je hurlais presque.

— C'est donc ainsi, lui dis-je, que tu abuses de ma confiance ? Tu veux donc que je périsse !

Ce fut en achevant ces mots que mes yeux s'égarèrent; ils brillèrent et s'éteignirent tout à la fois dans ce même instant, et mon âme suspendant alors toutes ses fonctions, mes joues s'enflammèrent : un feu brûlant parcourut toutes mes veines, une douce ivresse s'empara de tous mes sens. Enfin, je fus dépucelée !

Voilà l'époque la plus intéressante de ma vie.

C'est ce moment heureux qui fut le point de départ de mes plaisirs, mes chagrins, mon bonheur, mes infortunes; que dis-je, c'est dès lors seulement que j'ai commencé à vivre.

Tout m'a paru beau depuis mon coup d'essai.

Quelqu'un dira peut-être que je le fis trop tôt. Mais n'est-ce pas à quinze ans que l'on doit entrer dans le monde ? Si je ne l'eusse pas fait alors, aurais-je à présent tant d'expérience sur cette variété de plaisirs que le public vient savourer dans mes différents réduits ?

Non, sans doute.

Qu'on cesse donc de me faire un crime de ce qui, selon moi, devrait être et a été mon plus grand bonheur, de ce qui m'a mérité les plus grands suffrages des plus fins connaisseurs en ce genre, par le titre glorieux et flatteur qu'ils m'ont donné d'être la « Nymphe du jour, » autrement la « fouteuse par excellence. »

Mon cher lecteur, en me voyant ainsi séparée de mes parents, s'attend sans doute que je vais lui peindre leur douleur de m'avoir perdue et les soins qu'ils prirent pour me retrouver. Je me crois totalement dispensée d'entrer dans un tel détail : à parler clair, du moment où je fus chez la couturière, mes parents ne me furent plus rien, et je n'entendis plus parler d'eux. S'ils m'occupèrent quelquefois l'esprit, ce fut uniquement pour plaindre leur sort, avec l'espoir de l'améliorer un jour et de satisfaire par là aux devoirs de la nature et mériter leur indulgence pour mon escapade, par le sentiment de mon cœur.

Mais mon état me paraissait alors bien plus doux que le leur, car j'étais tranquille et je vivais sans trouble, sans inquiétude, indolente même jusqu'à la paresse, mon unique occupation consistant, pour parler bien clairement, à jouir avec mon amant, des plus doux plaisirs de l'amour.

En conséquence, j'évitais le monde le plus qu'il me fut possible pour n'être point aperçue et peut-être obligée de retourner à mon triste village.

Ce fut ainsi que six mois se passèrent sans que je visse personne que mon amant. J'étais assurément bien sage, car une femme doit être reconnue comme telle tant qu'un homme est seul à lui rendre ses hommages.

Mais cela ne dura pas longtemps, et le moment ne tarda pas à venir où mon amant ne put plus satisfaire tous mes désirs. Après l'avoir usé de toutes manières, il fallut bien avoir recours à d'autres, et, comme malheureusement pour lui, l'occasion se trouva des plus belles un jour, je ne manquai pas d'en profiter.

Voici le fait :

Un jeune cavalier, grand et très bien fait (il était, je crois, capitaine d'infanterie), vint un jour chez la couturière, mon hôtesse, sous prétexte de lui donner à travailler.

Après avoir jeté un coup d'œil sur moi qui me trouvais là, et dans lequel il mit beaucoup d'intérêt, le militaire engagea la conversation sur le ton le plus galant, manège pour lequel messieurs les officiers ont un talent tout particulier. Il ne s'en tint pas là. Il me fixa si vivement que je baissai les yeux, ne pouvant soutenir la hardiesse de ses regards.

Il ne s'en découragea point, au contraire, car ce fut ce qui l'engagea à proposer à la couturière d'aller lui acheter de la mousseline pour des manchettes, ajoutant qu'il avait donné ordre à une marchande qu'il nomma, d'en livrer autant qu'il lui en fallait, et qu'il attendrait son retour pour s'arranger avec elle.

La couturière, en fille zélée pour ses intérêts, se garda bien de refuser la proposition, courut chez la marchande et me laissa seule avec le cavalier.

Qu'on juge de mon embarras !

Je me levais de dessus ma chaise, je m'y remettais, j'entrais dans mon cabinet, je revenais dans la chambre, ne sachant quelle contenance prendre.

Sur mon air, l'officier jugea sans doute que ma conquête n'était pas difficile. Il me cajola quelque moment sans tirer de moi grande réponse.

Alors pour chasser mieux ma timidité :

— Regardez-moi donc, me dit-il, mademoiselle, je vous en conjure.

Je levai les yeux sur lui. Mais, ô ciel ! que vis-je alors !

Dois-je le dire ? Oui sans doute.

Eh ! que ferais-je encore d'une pudeur importune ? Après ce que j'ai annoncé de mon état, elle ne saurait assurément me convenir.

Et bien, ce que je vis, c'est un priape de la taille la plus majestueuse. En un mot, le plus gros et le plus beau vit du monde.

— Ah ! monsieur, m'écriai-je aussitôt, cachez donc cela, je vous prie.

— Oui, ma reine, me dit-il, je veux bien t'obéir.

Et, en achevant ces mots, il me donna une claque de la main gauche sur les fesses et me coucha de la droite sur le lit.

— Finirez-vous bientôt, monsieur, lui dis-je avec assez de vivacité.

— A l'instant, ma mignonne.

Aussitôt il me retrousse, s'empare de mon bijou, lui fait une caresse et l'enfile ; il s'agite avec fureur, me fout sans miséricorde et m'inonde bientôt d'un torrent de liqueur amoureuse qui me remplit d'une volupté incomparable. Dieu, quel fouteur infatigable !

Son priape, toujours en haleine, courut sur nouveaux frais, mériter l'hommage que mon cœur et mon con ne pouvaient s'empêcher de lui rendre.

Cet homme avait de l'expérience avec les femmes et savait qu'il est bon de le prendre avec elles sur un ton un peu cavalier.

Je fus contente au-delà de toute imagination.

La liqueur spermatique sortait à gros bouillons des couilles de cet aimable fouteur et se communiquait à mes parties avec une telle ardeur, une telle volupté ! Grands dieux, que de plaisirs à la fois ! Je ne l'oublierai jamais. Toute ma vie je me souviendrai de ce brave officier, et pour plus d'une raison, comme vous ne tarderez pas à le remarquer vous-même.

A peine étais-je sortie de dessous cet honnête homme, que je vis entrer mon amant.

Nullement accoutumée à de pareilles

surprises, je me trahis moi-même par la rougeur qui couvrit à l'instant mon visage: le trouble où j'étais lui fit bientôt et aisément soupçonner la vérité. Je tâchai néanmoins de me remettre, et je lui dis d'une voix embarrassée :

— Ah! vous voilà, monsieur; vous avez été bien longtemps en ville.

Sans me répondre, il se contenta de me regarder avec beaucoup de froideur.

— Ah! monsieur, je suis perdue, dis-je à l'officier.

— Comment? me répondit-il; cap de bieu! Je voudrais bien voir...

Je crus ce mouvement fort naturel et m'imaginai que mon premier amant allait être réduit en poussière.

— Calmez-vous, lui dis-je alors.

Et je vis au moment même mon homme redevenir plus tranquille.

Le fils du procureur était entré dans mon cabinet, et l'inquiétude où j'étais m'engagea à y entrer également, afin de l'amadouer et de chercher à le retenir.

L'officier fit pendant ce temps ses affaires avec la couturière, et puis il décampa sans chercher seulement à me consoler. Je ne l'ai plus jamais revu depuis cette époque.

Mon amant garda pendant le souper un morne silence ; de mon côté, je ne le rompis point non plus, j'étais trop simple pour penser à le faire. Il se coucha sur les neuf heures, et j'allai me mettre à l'instant à ses côtés. Mais au lieu de me présenter comme à l'ordinaire l'instrument de nos plaisirs dans une attitude plus brillante, mon amant me tourna grossièrement le derrière ; je ne fis pas semblant de m'en apercevoir, et je restai tranquille. Hélas ! je ne savais pas alors ramener un amant irrité, j'ignorais complètement l'art supérieur de forcer un homme à foutre malgré lui. Aussi cela n'est-il réservé qu'aux putains de profession, tandis que moi, a cette époque de ma vie, j'étais encore à mon noviciat, et comme vous pouvez fort bien vous l'imaginer, je payai chèrement mon ignorance.

Je songeai toute la nuit au petit « bonjour » que j'attendais, mais « néant. » Le lendemain je fus encore trompée, car je n'en reçus aucun.

Je me contentai de soupirer jusqu'à midi. Mon amant revint alors gai et joyeux de la ville et dit qu'il voulait me mener quelque part dans l'après-dînée, où j'aurais bien du plaisir; ma réponse fut que je le suivrais partout.

À peine me donna-t-il le temps de dîner, et nous sortîmes sur les deux heures. Il me conduisit par des chemins détournés dans une petite maison d'une entrée obscure. Nous montâmes ensemble dans une chambre presque nue : une seule table, deux chaises et un petit lit en faisaient tout l'ornement; à peine fûmes-nous entrés qu'il ferma la porte à double tour.

— Qu'est-ce que cela signifie, mon cher ami? lui dis-je. Pourquoi nous enfermer ainsi, ne suis-je pas en ta compagnie?

— Cela est vrai, me répondit-il, mais je veux t'en donner une plus nombreuse. Allons, messieurs, s'écria-t-il aussitôt, il en est temps, paraissez.

Dans le moment même, je vis sortir du cabinet voisin huit drôles des mieux bâtis, entre lesquels je distinguai un soldat, un garçon perruquier et un compagnon libraire. Tout le reste m'était inconnu, sans qu'aucun autre n'eût la livrée de leur métier.

On juge de ma surprise quand le soldat vint me dire :

— Allons, mon cœur, point de façons, sacredieu ! je bande comme un carme, et, morbleu, je vaux bien mon capitaine.

Il me prend à l'instant dans ses bras et me jette sur le lit. Je criais en vain au secours, mon amant était sourd à ma voix; deux de ces messieurs voulaient me tenir les mains.

— Oh ! que non, dit le soldat, je veux la foutre moi-même, et je prétends que ce soit sans le secours de personne.

A peine eut-il achevé ces mots, qu'il me saisit les deux mains de la main gauche et me les joint sur la tête; d'un coup de genou il me sépare les cuisses et me plante de la main droite le vit dans le con; il

s'agite après cela en vrai pandoure, me
foutit en plein trois fois de suite sans déconner; puis, il dit aux autres d'un air
triomphant et moqueur :

— A vous, messieurs, faites-en autant
si vous le pouvez.

J'eus beau pleurer et vouloir faire la
réservée, ces champions m'exploitèrent
chacun l'un après l'autre trois fois, car
c'était le taux qu'y avait mis le vaillant
porteur de giberne sans fourniment.

Cette expédition faite :

— Eh bien! mademoiselle la putain,
me dit mon amant, cela vaut-il bien un
officier? Voilà sans doute assez de fouteurs
que je vous amène, pour preuve de ma
complaisance et de mon zèle, à prévenir
et satisfaire la pétulence et l'ardeur de
votre lubricité; mais, je ne prétends pas
borner là ma vengeance, elle serait trop
douce pour un con aussi goulu que le
vôtre; mon cœur et mon amour irrités en
exigent une autre d'un genre bien différent; attendez-vous d'être avant qu'il
soit deux jours à la Providence (maison de

correction du Havre), vous et la foutue maquerelle qui vous a livrée. C'est ainsi qu'il traitait la pauvre couturière qui lui avait fait le plaisir de me retirer chez elle.

Mon amant me tint très exactement la promesse qu'il venait de me faire.

Il me reconduisit chez moi au lieu de me ramener chez mon père, mais il ne me quitta pas un seul moment; je ne sais s'il le fit pour m'empêcher de parler à la couturière, à qui je n'aurais pas manqué de faire part de mon aventure, et dont le génie fertile en expédients eut apporté par son usage du monde, de ses peines et de ses plaisirs, un secours aussi prompt que salutaire aux malheurs qui nous menaçaient.

L'obsession où nous étions de la part de mon amant, me rendit tout avertissement impossible; le traitement indigne qu'il venait de me faire subir, ses menaces et je crois plus encore la disette de plaisirs que j'allais éprouver dans le couvent, que j'envisageais comme mon tombeau, me troublaient et répandaient dans mon âme et dans mon esprit l'humeur la plus triste et la plus mélancolique.

Mon parjure amant était au contraire d'une gaieté charmante ; quel contrasre !

Aussi, la couturière, qui ne savait à quoi attribuer tout ce qu'elle voyait, était-elle excessivement intriguée ; je m'aperçus de son inquiétude sans pouvoir l'instruire de rien ; elle cherchait les moyens de me dissiper.

Il me fut impossible de sauver cette fille non plus que moi, malgré les envies que j'en avais, et elle fut enveloppée dans ma disgrâce.

Mon père vint le lendemain avec un ordre de M. le procureur du roi pour m'enlever avec ma prétendue maquerelle et nous incarcérer à la Providence ; c'est comme qui dirait les Madelonnettes ou Saint-Lazare à Paris.

On est surpris avec raison de voir paraître ici l'auteur de mes jours. Qui pouvait lui avoir dit où j'étais, et ce que je faisais ? Pouvais-je soupçonner mon amant capable d'une action si noire ? Il en était cependant l'unique et seul auteur, comme je l'appris alors de la bouche de mon père.

Ce coquin avait eu soin de faire savoir à mes parents, par un de leurs amis, que j'étais chez la Trupador, couturière et maquerelle, rue de la Buissonnerie, et que je m'y livrais au premier venu. Mon père, qui ne soupçonnait pas ma cohabitation avec le fils du procureur, le regardait comme le plus honnête des hommes.

— Sans lui, me dit-il, tu étais perdue pour toi et pour moi, ma fille, je lui ai, ajoutait-il, de bien grandes obligations.

Je me serais trouvée fort heureuse si mon père s'en fut tenu à ces réflexions; mais il voulait que je fisse pénitence, et sans consulter mon goût, il m'envoya sous bonne escorte dans un lieu de correction pour les femmes ou filles libertines. J'y fus accompagnée de ma pauvre couturière que je plaignais plus que moi; je l'ai toujours chérie depuis lors, on en verra les preuves dans ces mémoires, car, généralement parlant, une putain a toujours le cœur excellent.

On a déjà vu avec quelle simplicité je m'étais abandonnée à mon scélérat d'amant. Il est vrai que je lui étais infidèle, mais en était-il sûr? d'ailleurs, quand mon infidélité aurait été avérée, méritais-je un châtiment si sévère? Hé! bon Dieu! Ce jeune homme était bien alors aussi bête que moi. S'il eut été tant soit peu instruit de ce qui s'appelle le bon ton, il aurait fait l'aveugle sur mes dérèglements.

Ah! que ne fit-il comme certain jeune marquis parisien auquel j'avais donné la vérole, loin de s'en venger, il m'amena des pratiques, pour avoir, disait-il, des confrères; voilà ce qu'on peut appeler des gens qui aiment la multiplication des espèces! Vivent les courtisans des putains! Au diable! les étudiants et leurs semblables! je les haïs souverainement depuis qu'un d'entre eux m'a fait entrer à la maison de correction. Dois-je cependant être si fâchée d'y avoir été? Qu'on en juge par ce qui va suivre.

En entrant dans cette maison, je croyais être obligée de faire divorce avec tous les plaisirs ; combien je me trompais. A la vérité, le seul nom, l'idée seule du couvent, nous paraît emporter avec soi quelque chose d'austère, de rude qui se rapporte à la pénitence ; rien n'est cependant plus faux que cette idée ; il n'est aucun couvent peut-être qui ne soit un séminaire de l'amour. Il y est tellement révéré, que c'est dans les couvents que ce dieu forme sûrement ses sujets les plus forts et les plus vigoureux. Les autres êtres ne connaissent que la simple nature, ceux-ci connaissent la volupté. La volupté est une déesse qui, se déguisant sous le nom de nature, prend autant de formes qu'elle peut en inventer. C'est elle qui anime tous les bons fouteurs, car tantôt il fait soupirer deux gros tétons, tantôt elle nous présente le plus beau des cons, et demain elle nous offre un cul qu'on ne saurait voir sans l'adorer.

Cette déesse ne se plaît véritablement qu'avec les moines et la moinerie.

Revenons à mon couvent. J'y vécus pen-

dant quelques semaines dans la même
simplicité que celle que j'y avais appor-
tée ; mais j'eus lorsque j'en sortis tous les
talents d'une vraie putain.

J'ai fait tout le contraire de sainte Mag-
delcine, qui de débauchée et femme publique qu'elle était, devint repentante,
parce qu'elle y fut forcée par l'état affreux
où son libertinage l'avait réduite : quant
à moi, je parvins à la perfection du putanisme à force d'avoir d'excellents modèles
sous les yeux et des exemples dont j'ai fait
mon profit.

J'avoue que je dois beaucoup à certaine
sœur qui prit un soin particulier de mon
éducation : je n'aurais jamais rien valu
sans elle. Je fis connaissance avec cette
bonne fille cinq semaines après mon entrée dans le couvent ; voilà comment l'occasion se présenta.

On m'occupait presque toujours à faire
de la dentelle. J'étais obligée, suivant les
règles de la maison, d'en faire tant par
jour : j'avais bien de la répugnance pour
ce métier : on lisait sur mon visage le peu

de goût que j'avais pour ce travail. Sœur Prudence, *c'est ainsi que s'appelait la bonne sœur dont je viens de vous parler,* s'en aperçut tout aussitôt; elle m'en fis publiquement des reproches très-durs, et me dit pour conclusion de passer dans sa chambre sur les quatre heures de l'après-midi du même jour; je ne savais pas ce que cela pouvait signifier, et j'hésitai long-temps avant de me rendre à ses ordres; enfin je m'y déterminai, et sur les cinq heures j'allais chez sœur Prudence.

— Vous vous faites bien attendre, me dit-elle, lorsqu'elle me vit venir de loin : venez, ma chère enfant, que je vous embrasse.

Je ne m'attendais point à un pareil compliment.

— Je vous ai fait appeler, ma bonne amie, pour vous donner quelques conseils salutaires, mais avant que je vous les donne, dites-moi franchement et sans aucun déguisement, aimez-vous ce couvent? Ne seriez-vous pas charmée d'en être dehors? Vous souriez : ah ! petite coquine;

je devine votre réponse. Eh bien! si vous voulez réellement être ma bonne amie, ce sera moi qui vous en ferai sortir, mais avant cela il faut que je vous éprouve, et je serais extrêmement fâchée de vous renvoyer dans le monde sans talent : vous paraissez avoir le fond excellent, il ne s'agit que de le cultiver, j'en prendrai le soin avec plaisir ; venez me voir tous les jours et je vous promets bien que vous serez contente de moi.

Je n'avais pas lieu de me plaindre de sœur Prudence, car elle m'avait bien reçue, aussi le lendemain je fus plus exacte que la veille : j'allai la voir sur les trois heures et demie. En entrant dans sa chambre je l'aperçus négligemment couchée sur le bord de son lit, elle faisait semblant de dormir et de rêver, elle ne parlait qu'en soupirant; ses jupes étaient levées; je vis son bijou à découvert, il était surmonté d'une élévation flasque et ridée; j'en ai su la raison depuis; elle avait le doigt à l'orifice, et paraissait se donner du plaisir.

— Ah! ma chère, ah! ma tendre amie,

disait-elle, oui, je t'aime, je t'adore... je
n'en puis plus... j'en meurs...

— Mon Dieu! m'écriai-je aussitôt.

— Qu'est-ce donc? répondit-elle en s'é-
veillant : qui est là?

— C'est moi, répliquai-je, ma chère
sœur, voulez-vous que j'aille chercher
quelqu'un du couvent ?

— Non, ma fille..... non, me voilà re-
venue.

Alors elle laisse tomber ses jupes et
m'embrasse avec une vivacité sans égale.

— Je pensais à vous dans l'instant, me
dit-elle. Ah! que j'avais de plaisir! Ne
dites rien à personne au moins de ce que
vous venez de voir ; car si je vous aimais
moins, vous ne m'auriez point trouvée dans
cet état. Elle me fourra aussitôt sa langue
dans la bouche, puis me prenant les tétons:
qu'ils sont jolis! Qu'ils sont charmants!
dit-elle. Hélas! que sont devenus les
miens ?

Elle me porta ensuite sa main jusqu'à
la gorge, qui était d'une peau livide et
tannée.

Sœur Prudence n'avait pourtant que quarante ans ; mais elle avait baisé pendant quinze, et avait eu plusieurs enfants. J'appris tout cela dans les diverses conversations que j'eus dans la suite avec elle : il n'est donc plus étonnant dès lors qu'une femme puisse avoir des tétons tels que je viens de les présenter et que son con fut dans l'état où je l'avais vu. Tout métier use, rien n'est plus certain : je n'ai aujourd'hui que vingt-huit ans, et je suis en vérité déjà plus à plaindre que ne l'était alors sœur Prudence. Je ne pus m'empêcher de lui marquer l'étonnement où me jettait la comparaison que je faisais de ses pièces avec les miennes.

— Hélas ! me dit-elle, ma chère enfant, à ton âge j'étais pour le moins aussi belle que toi, mais.... Adieu, mon amie : va-t-en, je te conterai demain mes aventures, reviens au moins à la même heure.

Je n'y manquai pas et Prudence me tint parole : elle me conta une grande partie de ses aventures ; on me dispensera de les joindre ici : je n'écris à présent que ce qui me concerne, je dirai cependant en passant que cette fille avait été une grande libertine, aussi écoutai-je avec plaisir ce qu'elle me racontait : je me faisais expliquer par elle les endroits de son récit qui me paraissaient obscurs, et de cette façon je devins savante en peu de temps.

Toutes nos conversations se terminaient toujours par quelques plaisirs que nous nous donnions mutuellement. J'ai ouï soutenir quelquefois qu'il n'y a point de plaisir entre deux personnes du même sexe qui s'unissent; je promets que ceux qui sont de ce sentiment sont de faux docteurs.

J'ai passé une année entière à ne voir absolument qu'elle, et quoiqu'elle était ingénieuse à m'en procurer; le Godemiché de nouvelle espèce qu'elle inventa est une preuve convaincante de ce que j'avance.

Nous nous servions depuis longtemps du godemiché tel que tout le monde le connaît, je le lui mettais et sœur Prudence me rendait la pareille; mais nous ne pouvions ressentir le même plaisir toutes deux en même temps, c'était là cependant ce que nous aurions voulu.

Que fit sœur Prudence? Elle donna ordre à un ferblantier de lui faire son Godemiché long de seize pouces, qui fut terminé par deux têtes de vit avec un ressort dans le milieu, qui du même coup fit couler dans les deux matrices le lait qu'on devait mettre dedans. Le ferblantier intelligent s'acquitta parfaitement de sa commission. La sœur revêtit le ferblanc d'un velours cramoisi, sur lequel elle attacha le plus de poils qu'elle put; on voit par cette attention avec quel soin sœur Prudence étudiait et suivait la nature; tout cela fut fait en moins de huit jours. Le moment de l'épreuve vint, qu'il fut doux pour la nonne et pour moi! C'était pour nous un jour de fête la plus solennelle.

J'eus rendez-vous à deux heures, je n'y manquai pas: je trouve la sœur en chemise, le lait chauffait.

Allons, mon cœur, me dit-elle, fais-en vite autant que moi et mets-toi sur le lit.

Je ne me fis pas prier, je fus déshabillée en un clin d'œil. Prudence ayant rempli le Godemiché.

— Enfin, dit-elle en sautant sur le lit, nous allons avoir le même plaisir que si nous étions homme et femme. Elle pose ainsi le docteur artificiel d'un côté dans mon con et se mit elle-même l'autre bout dans le sien... serre-moi, ajouta-t-elle, embrasse-moi bien... pousse fort... remue le cul... il y est... bon... Hé bien! le sens-tu?... je souffris un peu quand cette machine m'entra dans le con, sœur Prudence l'avait fait tailler sur le sien qui pouvait passer pour une porte cochère. Après bien des secousses, il put pourtant pénétrer, je sentis alors toutes mes parties chatouillées à l'excès, la sœur me voyant fort animée, passa la main derrière elle, et lâcha tout à coup le ressort; le lait se mêla par ce moyen avec la liqueur spermatique, qui sortait à toutes deux toute bouillante du con... grand dieu! quelle volupté nous ressentîmes!

Nous répétâmes ce petit jeu trois fois

dans le même jour : est-ce trop? C'était une nouvauté bien intéressante pour moi.

Nous continuâmes ainsi pendant un mois, au bout duquel Prudence me dit qu'elle voulait m'instruire à fond.

— Croyez-vous, ajouta-t-elle, qu'on ne puisse prendre du plaisir que par le meuble du devant ?

Je répondis que je ne croyais pas la chose possible autrement.

— Je vois bien, poursuivit la nonne, qu'il te faut encore quelques-unes de mes leçons; apprends donc, ma mignonne, qu'il est une autre route pour le plaisir, aussi voluptueuse que celle du con pour le moins... Le cul, le croiras-tu, est cette heureuse et charmante route.

Si tu avais été dans l'état où je me suis trouvée, tu avouerais sans doute, malgré tes préjugés, que la volupté est aussi grande de ce côté-là que lorsque l'on nous exploite par le con. Tu en conviendras si tu veux y réfléchir : compare un instant les deux meubles : à peine nous a-t-on foutu une première fois que notre con devient propre à recevoir toutes sortes de vits. Loin de faire des efforts, l'homme en nous fourbissant une seconde fois, sent assez souvent qu'il entre de l'air avec lui dans le fourreau. Le cul, au contraire, ne s'ouvre qu'avec peine et se referme toujours parfaitement : il est toujours dans le même état. Cela t'étonne, à ce qu'il paraît ? Eh bien ! je vais te prouver ce que j'avance : je vais t'y mettre le godemiché, et me le poser à moi-même, comme si l'on t'exploitait par devant, mais au lieu de pousser en avant, pousse au contraire en arrière. Quand l'engin sera entré, je lâcherai le ressort et tu en sentiras l'effet.

J'étais obéissante, je fis ce que Prudence exigeait ; nous nous mîmes en posture, le bougre d'engin, tant il était gros, me blessa d'abord un peu, mais enfin il entra à force de patience ; après nous être bien agitées, Prudence lâcha le ressort : nous restâmes toutes deux immobiles pendant un quart d'heure, le plaisir nous empêchait même de parler. Nous revînmes enfin de cette ivresse. La chose faite, je fus obligée d'avouer ce que Prudence m'avait soutenu.

Ainsi tous nos moments étaient marqués par de nouveaux plaisirs. Je me serais cependant ennuyée dans ce couvent, si l'espérance d'en sortir ne m'avait soutenue. On a vu que Prudence m'avait promis de s'employer pour cela.

Elle exécuta religieusement sa promesse. Nos plaisirs n'étaient point pour elle quelque chose de si sérieux qu'elle ne pensât à ma liberté.

Elle fit parler sous main à mon père, qui ne fut jamais d'avis de me laisser sortir. Prudence ne pouvant rien faire de ce côté-là, représenta à ses supérieures que j'étais bien changée ; elle ajouta que me retenir plus longtemps serait me faire tort pour la suite.

Cette bonne sœur fit si bien que je sortis de la correction quatorze mois après y être entrée.

Nous nous dîmes adieu, on s'imagine assez de quelle façon.

Mais, dira le lecteur, est-il concevable

que dans une maison bien disciplinée,
une fille ait pu se donner tant de plaisirs?

J'avoue qu'il est difficile d'ajouter foi à
ce que j'avance concernant ce couvent ;
mais qu'on fasse attention que toutes les
démarches que je faisais étaient supposées
faites pour mon instruction et pour mon
avancement dans la pratique de la vertu
et de la religion.

Ainsi toutes les fois que j'allais chez
Prudence, c'était sous prétexte d'apprendre à travailler, c'était pour en recevoir
les leçons de la plus austère sagesse ; d'ailleurs, toujours plongée en apparence dans
la dévotion, à peine souriais-je en public ;
ce n'était que dans les bras de la bonne et
aimable Prudence que je me déridais, que
j'étais vive et gaie ; c'était là le fruit des
leçons de ma tendre amie que des vertus
simulées avaient élevée aux emplois de sa
communauté comme des vertus supposées
m'en firent sortir en ce moment.

En quittant cette maison, j'aurais beaucoup souhaité qu'on m'eut rendu ma couturière ; mais soit qu'elle manquât de protection, soit qu'elle ne sut pas se masquer suffisamment, ce qu'il y a de certain, c'est qu'elle fut condamnée à y rester encore quelque temps.

Me voici donc maintenant de nouveau libre. De quel côté tournerai-je mes pas et mes démarches ?

Cela inquiète mon lecteur, j'en suis certaine. Sera-ce dans le pays de Caux ? Sera-ce au Havre, où j'ai essuyé tant de revers ? Est-ce là que j'irai m'établir ? Nenni, je suis trop bien instruite pour le faire. Sœur Prudence, pendant mon séjour au couvent, m'avait conseillé, lorsque j'en sortirai, d'aller à Paris. C'est là qu'une putain est véritablement libre.

Cette bonne fille était trop de mes amies pour que je ne la crusse pas. Je pris donc le parti de me rendre à Paris.

Je fus chercher en y arrivant un lit à Saint-Gervais, au Marais, où je restai trois jours et trois nuits, comme c'est la coutume. Pendant le séjour que j'y fis, je cherchai condition : je ne trouvai qu'une vieille mégère, qui m'offrit très peu de chose, qu'il fallait cependant accepter ou me résigner à mourir de faim.

La nécessité seule me fit entrer chez elle ; car je n'étais point faite pour sympathiser avec la bonne vieille, dont l'unique et journalière occupation était de prier Dieu. Ce métier m'ennuyait, d'autant plus que je sortais d'une maison où je l'avais déjà fait malgré moi, et ma maîtresse m'entraînait toujours avec elle quand elle allait à l'église. Je me sais cependant bon gré d'y avoir été assidûment, puisque si je ne l'avais pas fait, je n'aurais jamais été dans l'état brillant où la fortune m'a placée, ainsi qu'on le verra bientôt.

Je remarquais que chaque fois que j'allais à l'église, j'étais constamment suivie par un drôle, dont l'air seul annonçait déjà quel personnage c'était.

Je ne songeais point du tout à lui, lorsqu'un jour il m'adressa la parole dans le sanctuaire : il se pencha à mon oreille et me dit que j'étais bien aimable, et que si je voulais, il ferait ma fortune.

Il en resta là pour la première fois,

mais qu'on s'imagine toutes les réflexions
que ce peu de mots me fit faire. Je fus
quelques jours sans revoir mon individu,
ce qui ne manqua pas de m'inquiéter
beaucoup. Enfin, il vint un dimanche au
même endroit me demander si j'avais un
peu réfléchi à ce qu'il m'avait proposé. Je
lui répondis que je n'y avais rien compris, mais en peu de mots il m'eut bientôt
mis au fait et éclairci le mystère.

Il dit, entre autres choses, que si je
voulais quitter ma maîtresse, il me met-
trait bien vite en état de pouvoir mépriser toutes les conditions du monde, puis
il me demanda un rendez-vous, que je lui
accordai pour le lendemain au marché
d'Aguesseau ; je n'avais que ce temps-là à
ma disposition pour lui parler.

Mon drôle se trouva très exactement à
l'heure indiquée. Il fallut s'aboucher ;
pour mieux le faire, nous entrâmes dans
un cabaret à côté.

— Allez chez votre maîtresse, me dit-il
alors, demandez-lui votre congé, et venez
me rejoindre ici.

Je fis quelques difficultés à cet égard, mais il me peignit les choses avec tant d'attrait, que je ne pus résister à ses instances. Je revins donc chez ma maîtresse, je plantai là ce que je venais d'acheter, et je lui dis qu'il me fallait sur le champ mon congé. Cette proposition la surprit un peu.

— Où avez-vous été ce matin? me dit-elle.

— Où j'ai voulu, répondis-je brusquement et je sortis en même temps.

Je m'en fus à l'instant retrouver mon maquereau; nous passâmes la journée ensemble. Le soir, il ne voulut point me laisser aller, et il fit si bien qu'il m'entraîna chez lui, où je fis un souper bien maigre, qu'il fallut néanmoins payer amplement en couchant avec mon nouvel hôte.

Qu'on ne crie point haro! sur moi en lisant ceci; je couche, il est vrai, avec un homme que je ne connais pas, mais cet homme doit me mettre à l'aise. D'ailleurs, il devait avoir des gants; c'est le droit pour ainsi dire incontestable d'un vrai maquereau; qu'on ne me blâme donc pas, je n'ai rien fait qui ne fut bien à sa place.

Mon drôle s'en donna le plus qu'il pût; j'avoue franchement que je ne trouvai aucun plaisir avec lui; en effet, qu'on juge s'il était possible que j'en prisse! A peine bandait-il; il était comme tous les autres maquereaux qui exploitent autant de femmes qu'ils peuvent en livrer. Il en avait besogné quatre ce jour-là même, on doit croire que le drôle était fort connu. Il goûta beaucoup de plaisir dans mes bras; sans avoir mon pucelage, il y avait cependant de quoi s'escrimer en m'approchant. Mon hôte eut grand soin, le lendemain, de me laver avec de l'eau de cerfeuil, après quoi il me reteignit le bijou avec des pommades propres à cet usage; il remplit une vessie de sang de poulet d'Inde et me la fourra fort adroitement dans le con. J'ignorais parfaitement à quoi tout cela devait me servir, je lui demandai donc pourquoi ces apprêts.

— C'est, dit-il, que si je n'agissais pas

ainsi, au lieu de dix louis, j'aurais tout au plus dix francs. Je dois vous mener demain chez un seigneur qui est fou d'un pucelage, il en paie quelquefois jusqu'à cinquante louis. Je lui en fournis de temps en temps de semblables au vôtre. Il s'agit maintenant de bien faire votre personnage : il faut faire l'Agnès, et quand il vous plantera son sacré docteur, criez commai si l'on vous égorgeait: c'est ainsi qu'on attrape ces messieurs-là. D'abord, je ne vous lâche pas à moins de trente louis, vingt pour vous et dix pour moi.

— Vingt louis, répondis-je aussitôt en éclatant de rire, ah ! viens, mon bébé, que je t'embrasse ! Je suis prête à tout ce que tu voudras que je fasse.

Je demeurai tranquille le reste du jour, il m'était défendu de me branler.

Mon maquereau fut de ma part chez ma vieille maîtresse retirer mes hardes et demanda mon argent; pour ne point effaroucher cette dame, il prit la qualité de mon frère, ce qui lui fit donner tout ce qu'il demanda.

Le reste du jour se passa de ma part avec bien de l'impatience. Je couchai encore ce soir-là avec mon maquereau, mais il ne me toucha point...

Enfin, arriva cette grande et fameuse journée. Je me lavai encore le matin de haut en bas.

Sur les dix heures nous prîmes un carosse, c'est-à-dire un fiacre. Ah! l'infâme voiture! Et du faubourg Saint-Honoré, nous allâmes rue de Cléry, quartier Montmartre. Nous descendîmes à une porte cochère; mon maquereau y était parfaitement connu, car il monta tout droit chez le maître de la maison.

J'attendais tranquillement que l'on m'appelât, lorsqu'un laquais vint insolemment me dire que je pouvais, si je voulais, monter chez monsieur.

J'attendais dans un appartement magnifique. Je vis que j'aurais affaire à un des plus grands financiers de la capitale. Prudence m'avait dépeint l'opulence de ces *prétendus honnêtes gens*. Je crus y reconnaître en lui tous les signes et tous les caractères qu'elle m'en avait donnés.

Je ne me trompais point; il avait pour le moins cinquante ans, il était assis dans un fauteuil qu'il remplissait de l'ampleur de son embonpoint; du reste, il était, ainsi que le sont presque tous les gens de cette classe, en France surtout.

Au premier abord, il était laid à faire peur, ce qui m'effraya d'abord un peu, mais ensuite il paraissait assez passable.

— Approchez, ma fille, me dit-il.

Je m'approchai humblement du fauteuil.

— Que vous êtes aimable, poursuivit le lourd financier, en me passant d'une manière pesante la main par dessus la gorge. Oui, vous me plaisez beaucoup; revenez demain matin, je vous prouverai ce que je sens pour vous.

Au sortir de chez cet honnête homme, je ne pus m'empêcher de témoigner le peu de goût que j'avais pour cette vilaine figure épaisse de la finance. Ma simplicité le fit éclater de rire, mais par ses raisonnements, mon maquignon parvint à me convaincre de la nécessité de me livrer au financier.

J'appris alors l'altercation singulière que mon pucelage avait occasionné entre le montrant et l'acheteur.

On se rappelle que le premier l'avait fixé à trente louis, ce qui étonnait un peu notre homme de finance, qui ne voulait pas entendre raison. Cependant, ce qu'il venait de dire en nous congédiant nous paraissait favorable. Nous en tirions des conséquences flatteuses pour nos intérêts mutuels.

Nous passâmes toute la journée à nous divertir et à former de beaux plans sur de telles espérances.

Le lendemain nous ne manquâmes pas de nous rendre chez lui à l'heure indiquée et nous trouvâmes notre Crésus prêt à monter en carrosse.

Dès qu'il nous aperçut, il vint de suite m'embrasser, en m'assurant qu'il allait me mettre dans un état brillant, mais qu'il

exigeait de ma part une fidélité au-dessus
de toute épreuve.

Je promis tout ce qu'il voulut.

Cependant, mon maquereau le tira à
l'écart et lui demanda son salaire, il l'ob-
tint sur le champ, puis il nous quitta.

Nous montâmes immédiatement en carrosse, le financier et moi ; le chemin que
nous fîmes ne fut pas de longue durée, car
nous descendîmes rue Tiquetone, à un
premier étage.

Je vis un appartement superbe que nous
parcourûmes ensemble ; après avoir bien
examiné et bien considéré chaque pièce, il
me dit :

— Voilà, mademoiselle, votre propriété,
tant que vous me serez attachée, mais il
faut surtout de la sagesse, c'est ce que je
vous recommande avec la plus grande in-
sistance. J'avais formé le dessein de faire
divorce pour jamais avec le beau sexe, j'y
renonce en votre faveur. Prenez garde de
me ramener à cette résolution.

Il allait me jeter sur un lit de damas
écarlate qui se trouvait là, lorsqu'un la-

quais vint lui annoncer que Mlle Victoire le demandait, c'était ma femme de chambre.

— Elle vient fort à propos, répondit grossièrement mon lourd amant, qu'elle entre.

Cette fille entre aussitôt d'un air si modeste et qui respirait tellement la vertu que je pensai mourir de honte à son aspect.

— Approchez, ma fille, lui dit le financier en ricanant, voilà la maîtresse que je vous donne, il ne tiendra qu'à vous d'être longtemps avec elle.

Cette fille me fit son petit compliment, auquel je répondis; elle eut ordre ensuite de revenir le soir même à sept heures au plus tard; après quoi elle s'en alla et nous laissa seuls.

Mon financier, avant de se retirer, voulu essayer mes talents. Je me souvenais parfaitement des leçons de son Mercure. Je fis donc bien la difficile et je ne me rendis qu'après m'être assez longtemps défendue; mais assise sur le lit, retroussée jusqu'au nombril, je fus enfin enfilée avec toute la peine que peut désirer le plus grand et le plus fort amateur de pucelage ; mon Crésus ne vit guère sans être émerveillé, couler du sang qu'il prenait pour un véritable présent de la nature.

Après m'avoir tenue pendant au moins un grand quart d'heure, ou plutôt après m'avoir harcelée, il se leva enfin, me baissa mes jupes promptement et appela ses domestiques, auxquels il commanda de faire approcher sa voiture, et par le moyen de son équipage qui était leste, nous fûmes à la Rapée, où nous dînâmes ; le repas fut magnifique, rien n'y fut épargné, et nous fûmes servis très-splendidement.

L'après-dîner se passa bien aisément sans doute, car nous ne revînmes chez moi que sur les huit heures du soir sans que je me fusse aperçue comment le temps s'était écoulé ; lorsque j'entrai dans mon appartement, je respirai une odeur des plus agréables qui m'annonçait un excellent souper :

— Qu'est-ce que cela signifie, dis-je à

mon nouvel amant? Est-ce que nous soupons ici?

— Oui, mon cher cœur, me répondit-il en grossissant sa voix, déjà tonnante naturellement, j'ai voulu te donner le plaisir de la surprise, je t'ai fait une maison complète, tes domestiques vont venir te saluer, je vais les faire appeler.

Le signal fut bientôt donné et je vis paraître à l'instant trois personnes, parmi lesquelles je distinguai la femme de chambre que j'avais vue le matin; elle avait pour compagnonne de service une femme âgée de près de 50 ans, c'était ma cuisinière, un petit drôle de 12 à 13 ans, habillé à la houzarde, c'était mon laquais; je reçus assez insolemment, comme je le devais, ainsi qu'il est d'usage chez une putain d'importance, les respects de mon petit domestique.

Cette cérémonie faite, nous fûmes à table et l'on nous servit un souper très délicat et excellent, quoique frugal et sans prodigalité. Le rond financier m'avait fait apporter tout ce qu'il me fallait en linge

de table et en argenterie, tellement que
ma maison dans son genre pouvait passer
pour honnêtement étoffée. Nous ne fîmes
pas grand honneur au souper, la conversation roula principalement sur la belle
découverte qu'il s'applaudissait d'avoir
faite en ma personne; je ne répondis à ses
compliments que par un silence modeste
à l'excès, nous ne sortîmes de table que
pour nous mettre au lit; je ne détaillerai
point les plaisirs de cette première nuit,
parce que je n'aime pas les répétitions
trop fréquentes; mon amant me foutit
trois coups, je trouve cela bien passable
pour un homme de son âge. Quand le jour
parut il fallut se dire adieu. Le Crésus le
fit sous condition expresse de me revoir
l'après-midi. Il me laissa dans mon lit;
mais il eut soin cependant de me donner
une bourse de 25 louis, pour subvenir,
disait-il avec un air de satisfaction, à la
dépense du ménage, ce que je trouvai très
gracieux; après cette bonne galanterie,
mon amant courut à ses affaires, je ne me
levai que pour me mettre en toilette, où

j'eus lieu de connaître les talents de ma femme de chambre; elle me coiffa dans le dernier goût; au sortir de ses mains je me sentis plus de vanité que jamais.

Sur les trois heures de l'après-midi, j'entendis deux carrosses s'arrêter à ma porte, ce qui m'étonna un peu; je n'étais point encore faite alors au grand monde. Ma surprise augmenta bien davantage quand je vis quatre messieurs; je craignis quelque mésaventure, parce que sœur Prudence m'avait parlé quelquefois de la Salpêtrière et des enlèvements qui se font à Paris par ordre de la police; je n'étais pas aguerrie encore, mais la crainte se dissipa complétement, quand je vis entrer ces messieurs avec trois dames dans mon appartement.

Mon amant s'avança le premier, il s'aperçut de mon étonnement :

— Êtes-vous fâchée, me dit-il en appuyant sur toutes ses paroles, de la bonne compagnie que je vous amène? Tout ce monde entra aussitôt après lui. On s'imagine assez, je crois, les compliments d'une

première visite ; je me contenterai de dire
qu'ils furent fort longs ; nous ne les finîmes,
en un mot, que pour nous mettre à une
table de pharaon ; je ne savais pas ce jeu-
là non plus qu'aucun autre, ce fut donc
ma première leçon. Une des trois dames
s'occupait avec mon amant à faire une
partie de loto ; tel fut le premier établis-
sement d'une académie que je continuai
depuis. Quand je ne jouais pas, j'allais aux
spectacles ; mon amant me donnait tout ce
qu'il me fallait.

Sûrement j'aurais été fidèle, je le sens,
si je n'avais vu constamment que mon financier ; mais il m'amenait souvent des
hommes mieux faits que lui. Me croyait-il
donc sans discernement, et ne devait-il
pas savoir qu'aucune de mes chères consœurs les putains, ne tiennent contre ces
physionomies heureuses qui sont faites
pour charmer ? C'est ce que j'éprouvai à
la vue d'un jeune seigneur qui était de la
compagnie ; à peine l'eus-je envisagé que
je désirai d'être à lui, il était fait à peindre, grand et bien bâti, des yeux noirs à

fleur de tête, surmontés de deux sourcils
de la même couleur bien fournis, des
joues remplies, des lèvres vermeilles, une
jambe faite au tour; comment un homme
de cette nature pouvait-il manquer d'être
aimé? Je souhaiterais avoir à faire l'éloge
de son esprit, mais il n'en avait pas. Eh
bien! en était-il moins aimable à mes
yeux? non! Une véritable et bonne putain
n'aime que le plaisir. Vénus et la volupté!
que l'on satisfait très bien sans esprit,
souvent mieux avec des hommes dont le
génie n'est pas si sémillant, qu'avec ceux
dont la conversation et la compagnie sont
si instructives et si amusantes; celui dont
je parle venait chez moi presque tous les
jours; j'aurais souhaité qu'il m'eut dis-
tinguée des autres femmes. J'avais beau
l'agacer, rien ne l'échauffait, je ne pouvais
cacher l'amour que j'avais pour lui, tout
le monde s'en apercevait; il paraissait être
le seul qui fermât les yeux là-dessus. J'a-
voue que cette indifférence me mit absolument hors des gonds, je ne concevais pas
comment le comte, car il l'était très réel-

lement, pouvait s'empêcher de répondre à mon amour. Je me croyais pour le moins aussi aimable que lui, mon amour-propre était offensé, et il y allait de ma gloire de faire rendre les armes au comte. Toutes les femmes, et particulièrement celles de mon éminente profession, sont faites ainsi; plus on est indifférent pour elles, plus elles cherchent à se faire aimer, elles mettent même audacieusement tout en usage pour cela.

C'est en effet ainsi que je pensais, quand je résolus d'écrire au comte; je n'étais pas embarrassée de lui faire tenir une lettre; j'avais une amie rue du Petit-Lion, qui était entretenue par un financier, ami du mien, je lui fis part de mon dessein qu'elle combattit longtemps, mais enfin, voyant mon entêtement, elle consentit à remettre au comte le billet suivant :

« On vous aime et vous êtes froid à l'ex-
» trême, on tâche de vous faire parler et
» vous restez toujours muet; une femme,
» quelle singularité! est enfin forcée de
» vous écrire, pour vous apprendre l'em-

» pire que vous avez sur elle. La devine-
» rez-vous? J'appréhende que non, j'aime
» donc mieux vous dire que la Maroncourt
» vous adore. »

Le billet fut très fidèlement remis, il le
reçut et en fit la lecture avec plaisir, il se
reprocha de ne m'avoir pas prévenue; le
commerce que j'eus avec le comte pendant
six mois, me dédommagea bien agréablement de mon aversion pour le financier.
Ce commerce aurait sans doute duré bien
plus longtemps encore, sans une catas-
trophe à laquelle nous donnâmes tous les
deux occasion, sans cependant l'avoir mé-
ditée d'avance.

Un jeune abbé goupin, grand connais-
seur en filles, m'avait lorgnée au spectacle; il fit si bien, qu'il eut dès le lendemain son entrée libre chez moi ; à l'entendre, il brûlait du plus constant amour;
aussi mit-il tout en usage pour me convaincre. Il s'aperçut à merveille de la
cause de mon insensibilité pour lui et se
douta de mes intrigues; il ne mit guère
plus de huit jours à les connaître à fond;

les disciples de l'Eglise ont le diable au corps, surtout quand il s'agit de faire le mal. Celui-ci, persuadé que j'en voulais au comte, m'en parla d'un ton amer. Il eut même l'insolence de me dire que si je ne lui accordais pas bientôt mes faveurs, il allait tout dévoiler à mon amant.

Je ne répondis à ces grossières menaces que par un air de hauteur, de mépris, et je fis part au comte de mon aversion pour l'individu au petit collet.

Ils se trouvèrent tous deux chez moi le lendemain. C'était un plaisir que de les voir, ils se dévoraient des yeux, ils restèrent jusqu'à huit heures et demie.

J'appris le lendemain par la bouche du comte qu'il avait vengé sur les épaules de l'abbé, l'insolence qu'il m'avait faite.

Je fus, on ne peut pas plus surprise, lorsque deux jours après cette scène qui m'avait fort égayée, mon brutal financier vint m'aborder d'un air sec, il me parla du comte. Il me dit à ce sujet qu'il était instruit de tout, et que si je ne renonçais pas à le voir, il n'avait qu'à m'entretenir à son tour.

Ma réponse ne fut autre chose qu'un torrent de larmes. Elles firent tant d'impression sur mon imbécile de financier, qu'il me fit mille excuses et convint qu'il avait tort.

Je le laissai aller après ces bonnes paroles; mais si, en ce moment-là, j'avais tenu le scélérat d'abbé en question, j'aurais bien certainement exercé quelque cruauté sur lui.

Je me creusais la tête pour y trouver un remède, je crus l'avoir découvert en permettant à l'abbé ce qu'il me demandait si longtemps, car il venait toujours chez moi et l'on peut bien s'imaginer à quel dessein.

Un jour qu'il y était, tandis que les autres jouaient, je l'emmenai dans mon cabinet de toilette, je le regardai et lui tins ce discours :

— Monsieur, vous m'avez fait le plus grand outrage que l'on puisse faire à une femme. Vous m'avez empêché inhumainement de voir le seul homme que j'aime au monde ; il faut que vous me rendiez à lui, ou bien vous vous repentirez amèrement de m'avoir offensée. Si vous êtes dans la bonne intention de me rendre service à cet égard, vous pourrez compter sur toute ma reconnaissance.

Il voulut dissimuler qu'il eut instruit le financier de mes intrigues ; je l'en fis pourtant convenir ensuite. Alors il me promit la réparation la plus complète.

J'attendais avec la plus vive impatience le résultat de ma harangue, lorsque quelques jours après, mon financier vint me trouver. Il avait un air de conquérant, il me trouva au lit, et commença par me donner des petites marques de tendresse, il vint ensuite me cajoler à ma toilette. Après mille agaceries, il me dit :

— La bonne conduite triomphe de la calomnie. Sois toujours sage, je me repose sur toi ; je veux même que dès aujourd'hui tu ailles chez ta bonne amie, La Duttey (c'était le nom de mon amie), le calomniateur qui vous avait noircis tous deux, toi et le comte, s'est aussi démenti à son sujet.

Je fis à mon gros lourdaud une petite remontrance sur ses faux soupçons.

Après le dîner, il tint parole : il fit venir un carrosse sur les quatre heures ; il allait au spectacle, et en passant il me mit chez ma bonne amie.

J'entrai brusquement. Quelle fut ma joie d'apercevoir mon cher comte !

— Ah ! vous voilà, lui dis-je en lui sautant au cou ! Bonnes nouvelles ! Nous pouvons nous voir, viens que je t'embrasse.

Tous deux également charmés de me voir, ils cherchaient la cause de ce bonheur, je la leur appris en peu de mots ; je leur détaillai toutes mes démarches, je ne cachai pas même au comte la petite récompense que j'avais promise à l'abbé.

— Oh ! tu verras comment je m'acquitterai de ma promesse, l'abbé en sera la dupe, c'est une victime qu'il faut que j'immole à mon ressentiment.

C'est ainsi que je raisonnais, lorsqu'on frappa à la porte ; le comte se cacha promptement dans la ruelle d'un lit qui était dans la chambre ; la précaution était sage, car celui qu'on annonça était mon financier. Il venait nous voir un instant, et comme des excuses qu'il devait à La Duttey, était le vrai but de sa venue, sur les 10 heures il résolut de s'en aller et voulut me remettre chez moi.

Nous continuâmes de nous voir ainsi, le comte et moi pendant quinze jours, durant tout ce temps-là, je voyais toujours mon abbé. Il attendait la récompense promise, il crut qu'il était de son honneur de m'en parler. Il le fit avec ses menaces ordinaires. Je l'apaisai en lui disant que mon financier allait la semaine suivante à la campagne et qu'il aurait pour lors sa récompense.

Il apprit que mon financier allait partir pour quinze jours. Il triomphait.

Il vint deux jours après cette heureuse nouvelle dans mon cabinet de toilette, où il me parla d'une partie de plaisir qu'il devait faire à quelques lieues de Paris. Des petits maîtres de cette ville, car elle en abonde, devaient y mener leurs maîtresses et s'y réjouir avec elles. C'était là enfin où je devais lui accorder ce qu'il me demandait depuis si longtemps.

Quelques jours après, je priai le comte de m'acheter lui-même une bonne et forte dose de nénuphar; vous serez témoin de l'usage que j'en ferai.

Huit jours après, mon financier s'en fut à la campagne. Il me fit les plus tendres adieux, car la dernière nuit que je couchai avec lui, il me baisa quatre fois en plein, c'est-à-dire que mon pauvre bijou suça quatre fois dans cette même nuit, un des plus vilains vits que j'aie vu et manié dans toute ma vie, et Dieu sait pourtant quel nombre prodigieux de ces instruments m'ont passé tant dans l'anus que dans son voisin, non compris encore tous ceux que j'ai manié à la main. Bref, le financier me quitta en me laissant trente louis jusqu'à son retour. La somme me parut honnête, aussi l'en remerciai-je avec toutes les apparences de l'amitié la plus sincère.

L'abbé avait eu grand soin d'épier le

moment où je serais seule; il vint me prévenir que la partie aurait lieu le jeudi suivant.

Enfin, arriva ce grand jour tant désiré, que l'abbé croyait être pour lui un jour de triomphe.

Il vint me prendre sur les deux heures de l'après-midi, dans un carrosse de remise qui nous conduisit au château d'un très grand seigneur, à quelques lieues de Paris.

On nous introduisit d'abord dans une grande galerie, où il y avait six tables de jeu; personne ne se dérangea. C'est la première loi de ceux qui aiment bien le plaisir et les amusements : rien n'est, en en effet, aussi ridicule que de se gêner.

Mon abbé, après avoir bien considéré la compagnie, me dit :

— Vous ne m'avez point averti que monsieur le comte serait ici, je ne m'étonne pas si vous y êtes venue.

Je lui protestai que je ne savais pas ce qu'il voulait dire; je lui proposai même de sortir.

— Non, répliqua-t-il, mais promettez-moi que vous ne le mettrez pas de vos plaisirs.

Je le lui promis.

Cela fut cause qu'en visitant les beautés du palais enchanté que nous habitions, il me laissa la liberté de dire un bonjour de civilité indispensable au comte, à qui je fis entendre de me remettre le nénuphar en question, dont il s'était chargé de faire l'achat. Il me fit comprendre par un sourire que j'allais être satisfaite.

Munie de ma maligne drogue, je tins toujours fidèle compagnie à mon calotin; il était enchanté de ma conduite. Nous nous promenâmes dans le jardin jusqu'à huit heures. Une cloche nous rappela dans l'appartement; c'était le signal dont on était convenu pour indiquer l'heure du plaisir. Je comptai quarante personnes, sans les laquais et femmes de chambre qui devaient nous servir.

Le maître du logis dit alors à toute la compagnie qu'il fallait se préparer au souper, et il ajouta que les cavaliers devaient connaître leur devoir. Aussitôt tout le monde défila et passa dans différents cabinets, où chacun se déshabilla; des laquais vinrent s'informer qui étaient ceux et celles qui voulaient être en chemise de taffetas; nous étions vingt femmes, il y en eut huit qui acceptèrent de ces chemises; les autres méprisèrent les ornements inutiles. Je fus de ce nombre.

Parmi les hommes, il n'y en eût que trois qui prirent le taffetas, desquels était mon petit collet; il faisait cela sans doute par un reste de pudeur.

Sur les neuf heures on donna un second coup de cloche pour se mettre à table. De quarante personnes que nous étions, vingt s'assirent à deux tables dressées dans un salon magnifique, les autres vingt devaient prendre leurs ébats, pour amuser ceux qui mangeaient et leur faire passer le temps plus agréablement.

Je ne ferai point le détail minutieux des mets qu'on nous servit, tous étaient bons et échauffants. Pour abréger, jamais je

n'ai fait de repas plus voluptueux et plus
délicat; le salon était une pièce admirable,
parfaitement carrée, ayant vue d'un côté
sur le jardin de la maison et de l'autre sur
la campagne; on avait eu soin de poser
le long des murs vingt petits sophas, ce qui
doit suffire, je pense, pour démontrer au
lecteur la grandeur du salon; il n'y avait
des chaises que pour ceux qui étaient à
table; on avait posé aux quatre coins du
salon quatre fontaines qui coulaient dans
de grandes écailles de marbre blanc, au
fond desquelles on trouvait du romarin,
des œillets, du jasmin et de la lavande:
ces herbes trempées, des odeurs suaves qui
coulaient des fontaines, servaient à ceux
qui venaient de combattre pour faire puri-
fication. Deux domestiques de différent
sexe et dans l'aimable abandon de la simple nature se tenaient à chaque fontaine,
chacun une serviette à la main qu'ils pré-
sentaient dans l'occasion requise; on avait
eu aussi l'industrie de mettre quatre grandes glaces un peu penchées, elles étaient
là pour rendre tous les objets à la vue de

ceux qui mangeaient, pendant que d'autres s'excitaient à la jouissance en courant les uns après les autres et en se fuyant mutuellement comme s'ils se fussent craints.

Toute l'assemblée veillait attentivement sur les démarches de deux enfants. Nous vîmes d'abord qu'ils se furent joints, le garçon s'approcher de la fille et placer son corps le long des côtés de celle-ci; un instant après, levant ses pieds de terre, il sauta sur le dos de sa proie qu'il saisit avec les deux mains, il approcha ensuite le plus qu'il put le bras de son ventre du cul de la fillette et fit faire à cette partie de petits mouvements très-prompts, dont l'issue ne paraissait pas être équivoque. Elle n'avait plié ses jambes que fort peu, elle put donc aller en avant et lui échapper; ce même instant ne nous fit voir aucune agacerie de la part du petit égrillard, c'est-à-dire de la part du petit garçon, car la péronelle se conduisit toujours en fille modeste; mais le moment d'après nous commençâmes à observer tout le jeu que nous avons

déjà vu et qui fut répété à différentes re-
prises ; l'égrillard, après s'être muni l'es-
tomac de quelques bonbons, en chaud
amant s'aperçut peut-être que le moment
favorable était arrivé, et se jeta avec une
nouvelle ardeur sur sa maîtresse qui, pour
la forme parut vouloir s'échapper. L'égrillard passionné tint ferme et ne l'aban-
donna pas ; la donzelle se vit alors con-
trainte de céder et en fut pour une fouterie qui ne finissait pas.

On voyait aussi aux deux extrémités de
ce salon, deux tablettes dorées et surmon-
tées d'un groupe de fouteurs en sculpture.
Sur chacune de ces tablettes on avait
réuni une collection d'ouvrages érotiques
et autres, propres à inspirer du goût aux
personnes qui composaient cette fête superbe.

Pour ne rien laisser à désirer aux lec-
teurs de l'invention générale d'un pareil
amusement, qu'il consulte le grand cata-
logue de la bibliothèque des fouteries, di-
visé en deux parties : la première remplie
par l'histoire et la poésie érotique, l'autre

uniquement consacrée à la dramaturgie du même genre (1).

On n'avait pas omis de placer des tablettes en musique, sur lesquelles on avait eu soin de noter, comme une espèce de vaudeville, les paroles suivantes :

CHANSON.

Foutons tous, tant que nous sommes,
Et laissons-nous foutrailler ;
Le plus grand plaisir des hommes
Réside en ce seul métier.
Faisons si bien que la fouterie,
Avant la mort,
Nous serve toujours pour l'autre vie
De passeport.

Ce couplet avait été distribué à tous les convives en entrant, par ce moyen tel foutait qui chantait et tel chantait qui bandait à l'aise. Peut-on raffiner au-dessus de pareilles galanteries! Tous ceux qui

______

(1) Voir spécialement l'ouvrage intitulé : *Les Aphrodites.*

voulurent foutre s'emparèrent des sophas. Je n'avais garde d'en prendre un, je voulais faire auparavant un tour de mon métier.

Nous nous mîmes vingt personnes à table, il n'y avait que deux femmes et mon abbé en chemises de taffetas. Lorsque tout le monde fut placé, on convint qu'à chaque service chacun visiterait les pièces de son voisin pour voir son état, et que celui qui débanderait serait condamné à recevoir de chaque convive trois chiquenaudes sur le bout du vit. L'abbé, qui bandait comme un carme, s'apprêtait à rire bientôt aux dépens de quelqu'un; mais au premier verre qu'il voulut boire, j'eus soin d'y mettre du nénuphar, je lui tâtai ensuite le priape, il l'avait des plus bandants de la compagnie, je redoublai en conséquence la dose tant et si souvent que j'en vis bientôt l'heureux effet, car nous n'étions pas encore au troisième service que le pauvre calotin ne dressait déjà plus. Je me rendis alors sa dénonciatrice, il fut obligé de montrer son pauvre nerf, qui était mou,

flasque et froid comme une glace. L'abbé
fut condamné tout d'une voix, il ne se démonta cependant point et nous dit du ton
le plus assuré, que plus d'une femme serait exploitée ce soir-là même par ce vit
qu'on critiquait avec tant de fureur, et qui
ne se reposait en ce moment-là, ajouta-t-il
effrontément, que pour mieux jouir. Il
eut beau faire pendant tout le reste du
repas, ni les artichauds frits, ni le vin de
champagne, ni même les liqueurs les plus
propres à porter dans son sang l'ardeur
de la volupté, ne lui rendirent sa première
vigueur.

Il commençait à enrager vers le milieu
du dessert, il fixait les yeux sur tous les
miroirs pour mieux s'exciter. Rien, il est
vrai, n'était plus propre à faire bander,
car au moyen d'une seule glace on réunis-
sait quelquefois toutes les scènes de fouterie de la salle; les uns foutaient en con
par goût, d'autres foutaient en cul par un
prétendu raffinement de volupté; celui-ci
appliquait sa bouche sur les lèvres d'une
femme ou, pour s'exprimer énergique-

ment, lui pompait l'âme avec vivacité ;
celui-là penchait négligemment sa tête sur
celle de sa maîtresse et lui dérobait un
baiser sur l'œil ou bien lui suçait un téton.
Les uns se branlottaient le vit et le con,
tandis que d'autres enfin foutaient en tétons.

Le pauvre abbé avait beau regarder ces
tableaux vivants, rien ne lui rendait ce
qu'il avait perdu.

Vers les onze heures et demie, il fallut
pourtant faire place aux fouteurs fatigués
et devenir nous-mêmes de nouveaux ac-
teurs.

Tout le monde se leva de table, on conduisit le pauvre abbé tout honteux dans la
galerie, on se partagea en deux bandes
qui se rangèrent sur deux lignes et le
champion impuissant fut condamné à
passer trois fois dans le milieu pour recevoir la petite galanterie dont on allait le
gratifier.

Il reçut par ce moyen 117 pichenettes
qui ne le firent pas mieux bander qu'auparavant, après quoi l'on retourna au sa-

lon ; l'abbé devint alors le sujet de la conversation, et le pauvre diable confus et décontenancé se mit sur un sopha, et tâcha de s'escrimer de son mieux auprès de moi, mais il eut beau faire, après avoir passé une demi heure entière à se tourmenter et à me tracasser, sans en devenir plus chaud pour cela, il fut forcé vers minuit de se retirer comme s'il eut été un nouvel Abeilard.

Pour lors, aussi dégoûtée qu'ennuyée de ses froides carresses, j'appelai le comte, mon cher amant. Autant valait lui qu'un autre, ce qui démonta tellement l'abbé qu'il sortit du salon avec fureur, alla reprendre ses habits et s'en revint à Paris dans le courroux le plus violent.

Oh ! qu'un homme est piqué, furieux quant il voit la nature se refuser ainsi à ses désirs ! l'emportement devient alors sa passion favorite.

Vers trois heures on leva toutes les tables et chacun courut aux différentes fontaines se purifier, pour se préparer ensuite à un bal qui se donnait dans la galerie.

On y dansa tel qu'on était, c'est-à-dire tous nus : mais on n'y apporta pas la même vigueur, car on n'y voyait plus que des vits pendants et imperceptibles, tant ils étaient affaiblis et exténués par un trop grand exercice.

On espérait que la danse remettrait un peu ces machines détraquées, dans une heureuse bandaison pour la fin du bal ; mais une fois livré à Terpsichore, on ne pensa plus à Venus. On se réjouit ainsi jusqu'à six heures du matin et pour lors chacun fut reprendre ses habits et se rafraîchir modérément aux fontaines ; ce qui fut bientôt fait,

Vers les huit heures on présenta le déjeûner à ceux qui en voulurent, mais peu de personnes l'acceptèrent, parce que les plaisirs de la nuit exigeaient plus de repos que de nourriture.

Tout le monde défila peu de moments après et le comte et moi fûmes des derniers.

Il me mit dans son carrosse avec madame L. D. de L. V. Nous remîmes cette dame dans son hôtel, faubourg Saint-Germain, après quoi le comte me conduisit chez moi, je ne lui priai point d'y rester, attendu le repos qu'il me fallait aussi bien qu'à lui.

Qu'on ne s'étonne donc pas, si je ne recevais pas mon cher comte chez moi, puisque j'avais la commodité de le voir chez ma bonne amie, ce parti était plus sûr? Aussi y fus-je exactement pendant le reste du temps que mon financier était à la campagne.

Il revint le samedi de la semaine suivante. Il m'envoya avertir de rester le lendemain chez moi; il fallut obéir.

Je l'attendis le dimanche jusqu'à trois heures lorsqu'il arriva tout en colère, en me jetant un billet au nez et me disant brusquement: Lisez!

On apprenait au financier la charmante partie de plaisir que j'avais faite, on lui nommait le comte, on l'assurait qu'il m'y avait caressée, exploitée et baisée à son gré; on ajoutait enfin qu'il pouvait s'en informer au D. de L. V. au D. L. qui étaient de la même partie.

Après lecture, le financier me dit :

— Il faut, mademoiselle... il faut prendre un parti, vous savez comment j'ai agi avec vous jusqu'à présent, si vous ne faites divorce avec le comte et la Dultey, c'en est fait, je vous quitte, consultez vos intérêts.

Je promis au financier d'exécuter ses ordres, je fis même une lettre pour le comte qu'il se chargeât de lui remettre. Que cette lettre me coûta !

Mon financier parut content. Mais il n'en resta pas moins froid, et, comme vous le savez bien, de la froideur à l'inimitié, il n'y a qu'un pas à faire; je l'éprouvai bientôt.

Il ne tarda pas à m'arriver une petite aventure qui compléta entièrement le dégoût inérité que le richard financier avait déjà ressenti pour moi.

Un soir que j'étais au spectacle, je fus me placer à côté d'une dame de première

distinction. Ne la connaissant pas, je la
regarde de haut en bas. En entrant dans
la loge, je ne la saluai point, je la priai
seulement avec ce ton d'insolence ordinaire à des personnes de notre profession,
de me faire de la place.

Cette dame, qui était extrêmement modeste, me répondit que je tombais mal,
qu'il me fallait prendre une loge pour moi
seule.

— Oh ! que non, madame, je serais pri-
vée du plaisir de votre compagnie.

En prononçant ces mots, je passai insolemment dans la banquette, où, pendant
le spectacle, j'insultai cette dame, qui
était si simplement mise, que je la prenais
pour une femme de chambre et, pour la
punir de ce qu'elle se trouvait avec moi,
je résolus de la faire enrager. Tantôt je
lui cachais la vue de la scène, tantôt je lui
marchais sur le pied, par une distraction
apparente; je poussai ce jeu si loin que le
parterre s'en aperçut. On rit beaucoup à
nos dépens, c'est ce qui me fit dire à la
dame inconnue en sortant : Sans avoir

affiché de comédie, vous venez, madame, d'en donner une fort belle.

Je revins fort tranquillement à la maison, l'esprit plein de la pauvre dame, que je m'applaudissais hautement d'avoir fait endêver.

Deux jours après, un exempt vint m'avertir charitablement de décamper lestement, si je ne voulais pas être mise, pour me distraire, à l'hôpital général.

Il me dit que j'avais eu affaire à une princesse, la D. de B., qui s'en était plainte fort amèrement à monsieur le lieutenant de police, et qui, pour la satisfaire, allait donner ordre de m'arrêter.

Je remerciai l'exempt comme je le devais. Je pris sur le champ ma course, et me fis descendre chez mon financier, à qui j'appris mon infortune. Toute sa réponse était une bourse de 25 louis.

— Tenez, ajouta-t-il, voilà de quoi déloger, tâchez d'être plus sage à l'avenir. Voilà la dernière de mes faveurs.

Je voulus ramener le bonhomme, mais il avait pris définitivement son parti : je

Je quittai en lui débitant mille sottises et en lui donnant toutes sortes d'imprécations.

C'est ainsi la vraie manière dont agissent toutes les putains, lorsque pour leur malheur, l'entrepreneur ne veut plus continuer d'être leur dupe.

Un jour, en passant près de ma marchande de modes, jugez de ma surprise en y voyant mon cher comte. Ah! quel plaisir ce fut pour moi de le voir; mais, hélas! pourquoi empoisonna-t-il ce doux plaisir? Il me dit qu'il venait de se marier depuis huit jours.

Un coup de foudre eut été moins terrible pour moi que ne le fut cette nouvelle accablante.

Je sortis alors brusquement et je jurai bien tout haut et tout bas de ne plus jamais aimer avec tant de délicatesse. Sans ce funeste amour pour le comte, ne continuerais-je pas à brosser les louis de mon bonhomme?

Oui, prenons mieux le tour en vraie et bonne putain.

J'adoptai en effet ce système et je le poussai même si loin, que je ne voyais et ne recevais plus personne que pour foutre, et pourvu que ce fut pour cette occupation-là, je recevais indistinctement tout le monde : beau, laid, grand, petit, contrefait ou bien fait, jeune ou vieux, n'importe ; tous indifféremment avaient entrée chez moi.

Il ne fallait rien moins qu'un grand nombre de vits pour me faire oublier le priape chéri de mon adorable comte. Aussi tins-je bordel ouvert : je permettais à tout fouteur de m'enconner.

Parmi ceux qui me voyaient le plus fréquemment, était un colonel d'infanterie, qui, étant devenu tout à fait amoureux de moi, me proposa de le suivre à Rouen, où son régiment était en garnison.

On sait du reste qu'une putain, sauf les plaisirs du canapé, n'aime rien tant que de voyager, et que tout pays lui est égal, pourvu que monsieur son cul et son voisin le plus proche soient abondamment humectés. Je vérifiai ce proverbe en suivant mon colonel dans sa garnison.

Arrivée dans cette ville avec mon brave colonel, j'eus tout le temps de me livrer aux plaisirs : bals, comédies, concerts, promenades, parties fines, soupers fins et délicats, rien ne coûtait à mon nouvel amant. Tous les jours il était ingénieux à me témoigner sa tendresse. Il savait qu'une fille de mon état se prend par les sens, aussi répondis-je on ne peut mieux à toutes ses bontés ; remarquez, je dis bontés, car c'est le seul nom que l'on puisse donner à la folie des hommes quand ils ne s'attachent qu'à des putains, comme font en Europe presque tous les grands seigneurs et leurs singes parvenus, encore plus méprisables qu'eux. à cet égard, quoique cependant, en général, la noblesse attire moins le respect du peuple que sa haine.

Mon colonel, pour m'assurer mon existence, voulut que je me misse au nombre des comédiennes de Rouen. Je sais parfaitement aujourd'hui combien ce brillant état m'eut été avantageux à cause de ma qualité de femme entretenue, dont les priviléges sont très considérables, surtout quant elle tient à la comédie. Mais lorsqu'on me le proposa, je regardai cela comme fort au-dessous de moi, la fouterie seule faisait mon unique bien, remplissait seule tous mes désirs et mon cœur n'aspirait qu'à cela.

Je l'aimais tant enfin, que chaque fois que mon complaisant colonel m'envoyait un soldat pour m'apporter quelque billet, que le soldat fût vieux ou jeune, n'importe, ce soldat avait également le droit de me foutre.

Ce petit jeu eut été très joli et très agréable pour moi si, au bout de trois mois, il ne m'eut procuré une vérole bien conditionnée et des mieux assorties.

Lorsque je m'aperçus que j'en tenais, je délogeais sans tambour ni trompette, et avec le secours d'une montre d'or que je vendis, je me fis de l'argent pour m'en retourner à Paris, chargée de ma vérole.

Ce parti était le plus sage, car s'il n'était pas sûr de se fier à mon colonel, étant en bonne santé, il était bien plus naturel à moi de le craindre après lui avoir donné le virus syphilitique, ou, pour mieux m'exprimer, une vérole semblable à celle que j'emportais.

On voit que mon séjour à Rouen fut assez court; il ne fut cependant pas sans aventures.

Car il faut l'avouer ici sans tergiverser et sans crainte d'être taxée de mensonge, l'homme de Rouen est diablement fouteur, et sans ma maudite vérole, je serais peut-être encore dans une ville où le plaisir est la première ainsi que la souveraine loi, principalement pour les jeunes gens.

La voiture publique ou diligence qui me conduisit à Paris, contenait un jeune homme de dix-huit ans environ, un Barnabite et une jeune fille qui allait sans doute faire ses couches à Paris.

Le voyage se fit gaîment; sans m'amuser à draber la jeune fille, grosse comme une outre, je tombai sur le très révérend père Barnabite.

Cependant, pour convenir de tout, je dirai que le révérend père était ce qu'on appelle un bon diable, et, ce qui le prouve mathématiquement, c'est que je lui donnai la vérole.

Voici comment cela se fit.

Arrivés à Mantes, le Barnabite me tira à l'écart, il me demanda pourquoi je le raillais tant et à quel propos ?

— Eh ! pardieu, révérend père, lui répartis-je sans hésite, pourquoi ne foutez-vous que des hommes ?

— Quelle sottise, répondit le porte-froc, que vous êtes bonne fille de croire pareille chose ! Je le vois bien, il faut absolument vous détromper ; mettez-vous ici, la charité du prochain va opérer votre conversion.

Aussitôt mon drille tira un anchois des plus mâles et des mieux faits, puis levant ma jupe, il m'enconna sans me donner seulement le temps de crier gare !

Je l'avoue, je fus foutue à double carillon et si tous les Barnabites sont de même alors que mon compagnon de route, c'est très mal à propos qu'on leur en veut, à moins qu'on ne suppose que celui-ci n'était pas profès.

Le lendemain, ce fut le tour du jeune homme qui, sans être tout à fait nigaud, l'était cependant assez pour ne connaître qu'une porte à la nature. Je fus obligée consciencieusement de l'endoctriner à cet effet; beau, jeune, fin et dodu, je ne voulais point que ma nature, alors impure, put défigurer la sienne; je lui fis donc prendre la route que, par finesse ou si vous voulez, par nature, j'avais refusée au Barnabite.

Vous saurez que le jeune homme, pour parler sans métaphore, me foutit en cul. J'eus le plaisir inexprimable de le sentir tâtonner dans un certain endroit qu'il ne connaissait point encore : au reste, il en sortit avec les honneurs de la guerre et sans aucune perte; ce fut ainsi que mon voyage me procura les jours les plus doux. J'étais foutue en con par un Barnabite, ce qui tient du miracle, et tellement du miracle que c'est bien supérieur assurément à tous ceux prétendûment faits par le chef de la secte chrétienne, comme de changer l'eau en vin, de faire parler les muets, de ressusciter les morts, etc., et enfin j'avais du jeune, du douillet, du bon dans le cul. Pouvais-je être mieux servie? Etait-il possible à une putain de voyager plus agréablement ?

Aussi arrivai-je à Paris avec tout le contentement possible.

Mon Barnabite me fit mille remerciements, et remporta la vérole la mieux conditionnée. Quant au jeune homme, je l'exhortai à venir me voir quelquefois chez ma marchande de modes qui me reçut en véritable amie. Aussi me loua-t-elle sur le champ un appartement dans le Marais, où, par les soins du fameux Quertant-Audoucet (1), je parus être parfaitement débarrassée, en un mois de temps, du fruit impur de ma galanterie.

Après ce terme, je ne tardai pas à m'af-

(1) Le Giraudeau de Saint-Gervais de l'époque

ficher. Je parus dans Paris sur le vrai ton de putain.

Bien des gens méprisent le Marais, quant à moi, je le trouve excellent pour y exercer mon métier. Les robins sont de toutes les saisons : le Marais est pour ainsi dire leur patrie ; la preuve en est, c'est que j'en vis foutre en très grantité chez moi : ils venaient tous se délasser chez la Pumonti, c'est le nom que j'avais pris au Marais, parce que celui de Morancourt me parut avoir besoin de renouvellement pour donner du nouveau au public.

Je l'avoue, cependant, il y aurait plus de plaisir à foutre avec un robin, s'il était moins pédant : ils ont, en général, un jargon si sot ! C'est indubitablement par une suite de cette diable de pédanterie qu'ils appellent, par exemple, le premier coup de fouterie, foutre par arrêt et le second foutre en relésion, parce qu'ils rentrent alors dans le con.

Quoi de plus plat et plus sot qu'un pareil langage !

Il est vrai que l'argent de ces robins me

dédommageait bien de tant de bêtises et d'inepties.

Mais pour terminer et couper court sur leur compte, les robins, je parle au moins de la haute volée, sont ceux qui m'ont fait le plus de plaisir au Marais. J'ai vécu dans ce quartier presqu'absolument à leur dépens, et sans eux, je n'aurais peut-être pas pu exécuter l'acte de chapitre qu'on va me voir faire.

ACTE DE CHARITÉ.

Étant un jour à la messe au couvent des Blancs-Manteaux, tout en cherchant si je n'y verrais aucune de mes connaissances, je jette les yeux sur une femme qui était entre deux soldats aux gardes françaises : quels furent mon étonnement et ma surprise ! Je crus reconnaître cette chère couturière ; mes yeux fixés sur elle rencontrèrent bientôt les siens qui, par leur embarras, m'en dirent assez pour faire un signe à cette femme, qui me reconnaissant alors vint me témoigner sa joie ; je lui proposai de l'emmener avec moi; mais elle me fit sentir en peu de mots à quoi je l'exposais ainsi que moi-même, si elle quittait tout de suite ces deux maudits soldats; je me contentai là-dessus de lui donner mon adresse. Deux jours entiers se passèrent, mais le troisième elle vint enfin sur les dix heures du matin se jetter à mes genoux.

Je la fis relever et l'embrassai, après quoi je la fis asseoir à mes côtés, malgré l'état affreux où elle se trouvait, sans linge, sans habits; elle pouvait à coup sûr prêcher l'inconstance des choses humaines.

Un air triste et honteux semblait barrer son cœur et lui couper la parole.

Je le remarquai bien vite et pour la mettre plus à son aise et l'engager à me donner sa confiance, je lui fis ôter ses haillons et lui donnai tout ce qui était généralement nécessaire pour couvrir sa nudité.

Lorsque cette triste cérémonie fut terminée, je la consolai de mon mieux et lui dis bien des choses affectueuses, dont les dernières furent :

— Je veux absolument, ma bonne amie, que vous restiez toujours avec moi.

— Ah! me répondit alors cette fille, en poussant un gros soupir, vous me rendez à la vie.

Ce soupir échappé naturellement, rompit la digue, et dans l'instant ma couturière me fit une peinture si touchante de ses malheurs que je fus obligée de la supplier de ne plus m'en dire davantage; je la priai même de ne me jamais plus reparler des choses terribles dont elle venait de m'entretenir.

Le nouvel état où je l'avais mise fut pour elle un singulier changement de fortune, qui lui occasionna une maladie par laquelle, au bout de deux mois de séjour chez moi, cette malheureuse fille fut emportée toute gangrenée dans l'autre monde, à l'âge de 28 ans à peine accomplis.

Le Marais me plaisait beaucoup et par le nombre et par la qualité des fouteurs; j'en avais tous les jours de bons, et ce qui surtout est très intéressant, j'étais bien payée.

Hélas! pourquoi faut-il qu'il y ait de ces détestables animaux qu'on peut appeler à juste raison — furets de bordels — et que l'on nomme ordinairement *Crocs* ?

Ces sortes de gens sont faits pour notre supplice, sans eux une putain serait trop heureuse.

Il vint d'abord chez moi sur le ton de l'amitié, il était bel homme et très bien mis. Je crus d'abord avoir fait une excellente découverte et je donnais tête baissée dans ce fichu Croc sans le connaître. Il me faisait accroire que je serais avec lui la plus heureuse fille du monde, pourvu que je voulusse répondre à ses bontés. Elles consistaient à me donner son vit à sucer et à avaler ensuite le foutre.

Lui ayant témoigné toute ma répugnance à cet égard, il changea pour lors de langage et se montrant à découvert tel qu'il était :

— Eh bien! foutue garce, me dit-il avec fureur, si tu ne reçois pas tout à l'heure

mon vit dans ta sacrée gueule, je vais te
chercher une escouade du guet pour te
conduire à l’hôpital.

A ce seul mot d’hôpital mes cheveux se
dressèrent d’horreur. Je consentis donc à
ce que voulait mon infâme Croc. Cependant, j’exigeai d’être payée, il me répondit à cela que je pouvais envoyer chez lui
le lendemain ma raccrocheuse.

Rassurée par ces paroles, je me mis en
devoir de servir mon original, il me mit le
vit dans la bouche et je le lui suçai jusqu’à l’en décaver ; quand le drôle fut satisfait :

— Oh ! çà ma reine, divertissons-nous
bien, me dit-il, et reprenons des forces ;
dix louis que tu va prendre valent bien la
peine de nous faire avoir un souper honnête ici.

Moi, qui ai toujours été bonne, je donnai
aussitôt mes ordres à ma maquerelle, qui
en très peu de temps trouva de quoi nous
faire passer le temps à boire et à manger.
Le lendemain, j’envoyai chez lui, le co-

quin attendait ma maquerelle pour lui
remettre un billet; j'y lus ce qui suit :

> Alizon fait la coquette
> Pourquoi, hélas! Je n'en sais rien :
> Car jamais mon allumette
> N'enfila de con si puant que le sien.

On doit s'imaginer aisément quels furent mes sentiments, lorsque je me vis
traitée de la sorte. Un impromptu seconda
ma colère et à l'instant j'écrivis sur le
même papier ce peu de mots, que je renvoyai au Croc par le même messager :

> J'en jure par Apollon.
> N'en déplaise à ta muse !
> J'ai le con
> De façon
> A rendre ta couille camuse.

Voilà les seuls vers que j'aie jamais faits
de ma vie; j'aurais cependant mieux fait

de les garder puisqu'ils me valurent la réponse suivante :

A LA PUMONTI

Ou dans mon calcul je m'abuse,
Ou nous sommes quittes tous deux.
Si tu rends ma couille camuse,
Bientôt ton con sera baveux.

Je dois l'avouer, quand je vis ces derniers vers, je devins forcenée :

— Que veut-il dire? Mon con sera baveux! Le coquin m'a donc donné la vérole? Va, ma chère, chez Quertaut-Audoucert, dis-lui de venir me voir au plus vite.

Il suivit de près ma maquerelle et me trouva dans le plus grand abattement du monde; il me laissa une recette pour l'apothicaire. Pour remercîment, je lui présentai le cul; car cet homme ne visitait jamais d'autres trous aux femmes. Par ce moyen, il se moquait toujours de la vérole.

Je passai le reste du jour à maudire mon fichu Croc, jusqu'à neuf heures du soir, où ma maquerelle m'annonça un homme bien vêtu et des mieux bâtis. Il jeta trois louis sur la table. Je fis d'abord la difficile et si bien qu'il mit trois autres louis dans mes tétons.

Dieu sait avec quelle joie je levai après cela mes jupes.

Le jeune cavalier fut on ne peut plus content de moi.

Mon charmant jeune homme revint me trouver un beau matin et me dit :

—Tu m'as donné la vérole, ce soir nous viendrons au nombre de six jeunes gens, deux te fouteront en cul, pour ne point avoir la vérole, quand à moi qui l'ai déjà, je me fous d'entrer dans ton con : pour les autres jeunes gens, je te charge de leur en flanquer autant qu'à moi. Ce sont des bougres dont je veux me venger.

Mes champions vinrent à l'heure convenue. Ils débutèrent par la fouterie la plus nouvelle.

Deux jeunes gens me jetèrent d'abord sur le lit; l'un prit son poste dessous moi, il commença à m'enculer avec une telle aisance, qu'on ne saurait jamais mieux s'y prendre; l'autre m'enconna en se cramponnant sur moi de façon que j'étais exactement au milieu de ces deux hommes. La main droite au cul de l'un et la gauche au cul de l'autre et, en enfonçant le doigt dans le trou de chacun de mes fouteurs, je leur faisais mettre leur vit jusqu'à la garde dans les deux miens.

Le second tableau fut bien différent du premier.

Un nouveau jeune homme vint ensuite se mettre sur les rangs avec encore un autre enculeur, tandis que les deux sortants m'exploitaient en même temps sous les aisselles.

En voilà donc déjà deux qui ont la vérole. Restait un troisième.

On passa une heure à causer au coin du feu pour nous reposer.

Enfin, après bien des compliments et des commentaires sur la vénérable fouterie, on résolut unanimement d'exécuter le tableau suivant :

Un fouteur en cul sous moi, un fouteur en con sur moi, deux autres me mirent leur engin dans chaque main, que j'avais étendue. Le cavalier auquel je devais la satisfaction de posséder tous les autres, vint mettre ses couilles sur ma bouche, tellement qu'en les léchant et les suçant, je fis précipiter son foutre sur mes tétons tandis que de sa langue il accrochait, dardait la mienne, ou pour mieux dire, suçotait celle de mon fouteur en con qui, appuyé sur ses coudes, empoignait d'une main le vit de celui-ci qu'il introduisit entre mes tétons, qu'il comprimait de l'autre main l'un contre l'autre, en lui formant ainsi un con postiche : à chaque instant un déluge de foutre nous faisait nager dans un océan de volupté.

C'est ainsi que j'eus cinq vits sur le corps et je fus si bien foutue, que je fus obligée de crier merci.

Après cette fouterie, chacun se taxa de bonne grâce à donner un louis pour moi

et six francs pour le feu et le vin : en tout
30 francs par tête.

Deux jours après cette fine partie, qui
me mit si bien à l'aise, je reçus de celui
qui m'avait procuré toute cette pratique
un billet ainsi conçu :

Billet à la Pumonti.

» Il n'est pas prudent pour vous, ma-
» demoiselle, de rester où vous êtes. Vous
» devez en savoir les raisons. Y a-t-il ou
» non du fondement ? Evitez, par une
» fuite précipitée, ce qu'une vengeance
» assez juste peut-être pourrait vous at-
» tirer de fâcheux ou de mal. On vous
» cherche. »

Cet avis salutaire me fit prendre la résolution de changer de quartier. Je mis
en effet ma maquerelle en campagne, et
au bout de deux courses, elle me trouva
une chambre et un cabinet, rue Saint-An-
dré-des-Arts, où je transportai sans tambour ni trompette mon gagne-pain.

En y arrivant, mon premier soin fut de me faire guérir radicalement.

Je pourrais faire un volume in-folio de toutes mes aventures d'église; tout dans mon nouveau quartier passa, je puis m'en vanter, par mon étamine.

Carmes, cordeliers, jacobins, prémontrés, capucins, prêtolets, pédants, professeurs, cuistres, goujats de collèges et jusqu'aux répétiteurs mêmes sans restriction vinrent apporter à mon con les hommages de leurs priapes.

Aussi n'ai-je pas encore quitté le quartier latin.

Parmi les traits de mes diverses saintes et adorables fouteries, j'en choisis quatre des meilleures qui ne peuvent que faire plaisir au lecteur.

Le premier que je vais raconter est des plus singuliers.

J'avais fait la connaissance depuis quelque temps d'une jeune religieuse qui, ne pouvant dans son couvent toujours se contenter du maigre godemiché, venait chez

moi de temps à autre se faire foutre in-
cognito par certaine de mes pratiques.

Il en était résulté de là une franche
amitié entre nous, à ce point, que m'ayant
fait confectionner les habits de religieuse
d'un autre ordre, j'allais dans cet accou-
trement la voir bien souvent, et parfois
même je restais à m'amuser plusieurs
heures dans son couvent.

Un jour, dans l'après-midi, je me pro-
menais seule dans un charmant parc qui
entourait la sainte maison. Perdue dans
mes réflexions, j'allais un peu au hazard,
sans faire attention à la beauté du pay-
sage, lorsque tout à coup je crus entendre
à peu de distance un léger soupir. Inquiète, interdite, je me mets à regarder
avec soin autour de moi.

Jugez de ma surprise, lorsqu'à deux
pas de l'endroit où je m'étais brusquement
arrêtée, derrière deux beaux arbres qui
me cachaient à sa vue, assis par terre, les
jambes étendues et tenant en main un vit
qu'il branlait fortement, j'aperçus un joli
garçon, tout jeune encore, dans le costume

d'une sœur du couvent, s'amusant le plus tranquillement du monde à faire sauter la cervelle au plus bel anchois que j'eusse encore rencontré.

Me précipiter sur lui, m'emparer de son priape, me l'introduire en bon lieu, fut l'affaire d'un instant, et mon jeune drôle ne m'opposa aucune difficulté, bien au contraire.

L'affaire faite et même recommencée, il m'avoua qu'il était entré dans ce couvent, sous ce déguisement, par amour pour une des sœurs que des parents barbares avaient refusée à son amour et au mariage pour les motifs de famille, que personne ne soupçonnait leur secret, mais qu'hélas! ne pouvant pas voir sa chère maîtresse, autant qu'il le désirait, il apaisait de la façon dont je l'avais vu les puissants aiguillons de la chair.

Inutile d'ajouter que je lui promis le secret et que je tins religieusement la parole donnée.

Un jeune abbé, sorti nouvellement du collége, vint chez moi dans la louable intention de m'enfiler : il avait encore son pucelage.

J'eus un plaisir à le voir faire sa besogne; il entra dans mon con à peu près comme un taureau et en sortit comme un idiot.

Après l'action, il se laissa tomber dans un fauteuil, en disant :

— Dieu! N'est-ce que cela?

Il revint cependant à la charge, mais sans vigueur : aussi d'un coup de cul le foutis-je dans la ruelle.

Voilà l'avantage qu'a une putain avec des églisiers; sont-ils mous, elle s'en moque, au lieu que les plus mauvais épétiers vous la tournent et retournent, foutimasent autant qu'ils veulent et souvent plus qu'ils ne le peuvent.

Un de ces épétiers ou porteurs d'épée vint un jour, tandis que j'étais en jeu avec un bon père cordelier.

Mon drôle, en entrant, commença à jurer comme un possédé; le cordelier aguerri le pria de se taire, l'autre le me-

naça de cinquante coups de plat d'épée ;
il avait à peine lâché le dernier mot que
sans tant de façons le bon père, sortant de
sa poche un pistolet qui paraissait de bon
aloi, dit au cavalier :

Si tu branles, je te casse la tête, bougre
de gueux !

L'épétier étonné ne dit plus un mot, et
devint tout à coup l'ami du révérend père,
au point qu'ils couchèrent tous les deux
avec moi.

Le cordelier me foutit d'abord deux
coups sans même déconner, quand il eut
entièrement achevé sa décharge, il me
dit :

— Ah ! ça mignonne, je te laisse avec
monsieur : j'ai besoin d'aller au couvent.

Le moine en se levant, ferma bien soi-
gneusement les rideaux du lit et nous em-
brassa, le cavalier et moi, comme ses
meilleurs amis :

— Je vais, dit-il, m'habiller, vous, mes
enfants, continuez à bien faire joujou, et
dormez ensuite comme il faut.

Après cette douce exhortation, il s'habilla avec la culotte de velours, les bas de soie noire, la fine chemise et les boutons du dimanche de l'épétier.

Qui fut bien surpris?

Ce fut l'apparent tapageur en se levant, lorsqu'il se vit contraint de mettre la culotte d'un mendiant; je ne pus m'empêcher d'en rire comme une folle.

Il est vrai que cela me valut quelques coups de plat d'épée; mais une putain n'est point à cela près.

Qu'on dise maintenant que les moines ne sont pas faits pour le bordel.

Pour faire mieux connaître encore leurs talents supérieurs, voici une autre histoire qui satisfera à ma parole et remplira les quatre traits que j'ai promis.

Un Jacobin était fou de moi sans que je pusse le souffrir; il y avait plus de six mois qu'il me faisait les yeux doux, sans pouvoir me mettre à contribution.

Il m'envoya un jour la pièce suivante :

Encore que la poésie n'en soit pas des plus harmonieuses, j'ai peu vu de matière traitée d'une manière aussi forte ; mais de quoi n'est point capable un moine, lorsqu'il est animé de la vengeance, de la jalousie et de l'amour métamorphosé en haine ?

ODE

LE FOUTEUR COURROUCÉ.

ODE

LE FOUTÉUR COURROUCÉ.

I

O toi qui dans ma double couille,
Jettes le foutre à gros bouillons !
Toi pour qui le con se dérouille,
Qui fais lever les cotillons !
Toi ! qui fais rendre ainsi que braise
Les mortels les plus bande-à-l'aise,

Puissant dieu de tous les fouteurs,
Viens me prêter ton assistance !
Priape, ta seule présence
Adoucis les plus grands malheurs.

II

Philis qui semblait n'être née
Que pour satisfaire nos sens ;
Philis qu'on croyait destinée
A conserver tout notre encens,
Résiste à tes plus fortes armes.
En vain de l'attrait de ses charmes,
Mon vit brûlant est-il épris !
Hélas ! peut-on passer plus outre ?
Philis n'a pour le plus beau foutre
Qu'indifférence et que mépris.

III

Que dis-je, l'indigne bougresse
Me voit... réduit presque aux abois :
Pour mieux lui prouver ma tendresse
Bander, rebander mille fois ;
Ma couille, sans cesse abattue
S'échauffe, s'emplit à sa vue :
Mais, loin d'en exprimer le jus,
La garce, à ma main laisse faire
Un devoir qui n'est qu'un salaire
Pour tous les cons, pour tous les culs.

IV

Grand dieu ! pour en tirer vengeance,
Permets que Philis, dans mes bras,

Vienne chercher la jouissance
De ce qui manque à ses appas !
Permets que de son con, la flâme
Aille brûler jusqu'à son âme.
Fais que dépouillant ses rigueurs,
Philis garante de ta gloire !
En doux honneur de la victoire,
Arrache à mon vit mille pleurs !

V

Mais non, fais plutôt que l'ingrate,
Dans un instant de désespoir,
Pour moi se patine et se gratte,
Sans me toucher, sans m'émouvoir.
Que le bâillement de sa motte
La force à prendre ma culotte,

Mais aussi, fais que mon engin
Devenu tout à coup de glace,
Et de loin, faisant la grimace
Se moque ainsi de son conin !

———

On trouvera sans doute étrange le dernier mot : conin, en parlant de ma pièce curieuse, puisque son état de service lui avait absolument ravi ce nom pour lui laisser à l'avenir, comme je l'ai dit du bijou de sœur Prudence quand j'ai parlé d'elle, le titre flatteur de porte cochère.

Non content de m'avoir envoyé cette ode, le Jacobin vint l'après-dîner du même jour, et s'adressant à moi, il m'empoigna par la tête, puis, me jetant sur mon lit, il me mordait comme un chien et se disposait à m'enfiler sans miséricorde.

J'empoignai son bougre d'engin, et le lui tordit très fortement ; l'instrument en fut tellement affecté, qu'il m'inonda le con et les cuisses d'un torrent de foutre.

J'achevai pour lors de le désarçonner par un vigoureux coup de poing, que je donnai à son priape apostolique, et je le renvoyai en lui disant ces paroles :

Si tout prêtre vit de l'autel,
Toute putain vit du bordel.

Foutant toujours avec des prêtres, n'auraient-ils pas dû me garantir, hélas! par leurs prières d'une petite maladie vérolique qui m'a gâtée au point que, ne sachant plus que faire, en attendant, j'écrivis ces Mémoires?

Maudite maladie! infirmité cruelle! qui, m'ayant ôté le peu d'agréments que j'avais reçus de la nature, me força de me faire maquerelle.

Tant il est vrai que la fin couronne l'œuvre.

FIN.

9 782329 757247